色紙が伝える人間力

―若い君達への応援メッセージ―

はじめに

私は損害保険会社（住友海上火災）に入社し、定年まで勤め、五十五才から、ぜひ携わりたかった教育の仕事につきました。教育の現場を知り、生徒の頑張りに感動し、新しい体験を積み、いろいろな問題意識を持つことができた日々でした。

岡山大学環境理工学部キャリアサポート室長（教授）に就任し、民間企業出身者としてキャリア教育の講義のほかに学生のキャリアデザイン、社会の視点や実情、学生と実業社会との認識ギャップの指摘、改善そして就職活動対策などの指導に携わりました。相談来室者は多く、学生にとって必要不可欠のセクションであったようです。それらの活動を通じて感じたことは、高校時代は入試対策に、大学時代は専門性の高度化に、精励し続ける優秀な学生であっても、自己理解や人間理解、社会人に求められる素養など人間力の点に、大きな弱みがあるように感じ不安を覚えました。

学生一人ひとりは、将来に大きな期待、希望を持つと同時に、現実社会、未知の人生への未熟さや不安を持っています。我々の先人も同様でした。先人も迷い、悩み抜いた人生を送られたのです。そして経験から得たことや苦しみの中から実感したことを言葉として残してくれています。その言葉を学び、理解することで、将来に対する智恵や対応力を前もって身につけ、準備することが可能なのです。

そこで少しでも特に学生、生徒の皆さんの役に立てばと思い、本書を書きました。

私が毎日生活する上で折に触れて反省の基礎とし、また勇気づけられている言葉や名言が、皆さんの人格形成や人間としての生き方・考え方の参考になり、さらに実社会の一端を理解していただけるのではないかと思ったからです。私が書いた色紙の言葉の意味や意見、そしてその活用や期待を実社会の先輩として書かせていただきました。古い言葉や名言ではありますが、その内容は人間にとって普遍的な真実であり、強い力を持っています。

最終章に「自らの人生を考えて」という私的な色紙を入れさせていただきました。私たちもどのご夫婦同様に、差こそあれ、山あり谷ありの生活をしてきました。そして今日、私は教育に携われるのも、お互いに干渉せず、互いに認めあった家庭があるからだと思います。人生にとって安心でき、安らかな家庭、夫婦関係は大事なことと考えたからです。

各々の言葉を知識として受け入れる（すなわち記憶する）のでなく、**意識して日常生活の行動につなげていただきたい。**

いくつかの言葉、名言が、皆さんの人格形成の柱になったらこんな幸せはありません。

平成三十年四月　　景山哲臣

目次

成長の糧に

人生にはルールがある

社会人生活のために

自らの人生を考えて

成長の糧に

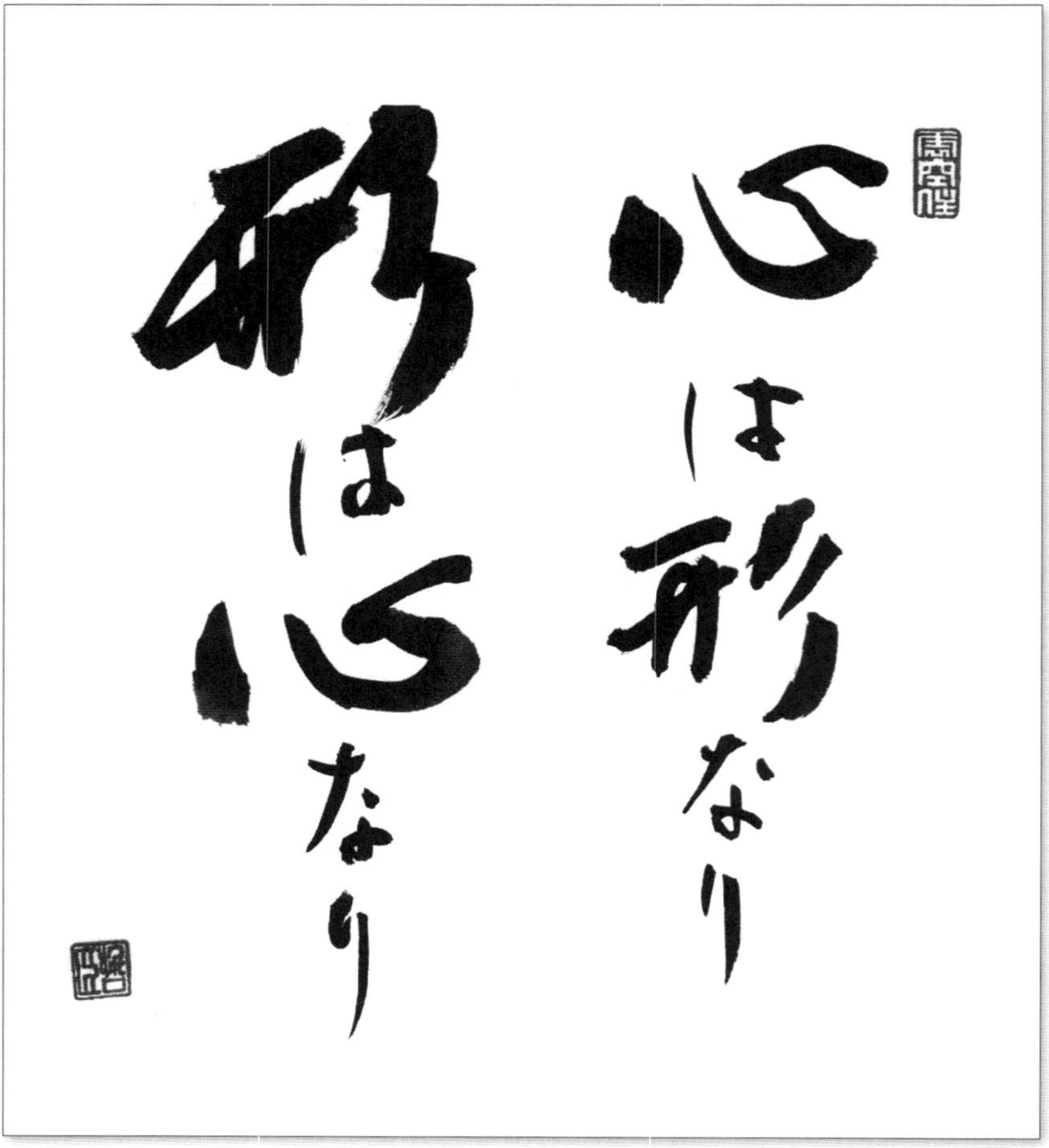
心は形なり
形は心なり

相手の考えや心のありようが、現実には形になって自分の前に表現される。心ない仕打ちや言葉は、発した人のあなたへの心境（気持ち）そのものなのだ。目の前に現れている態度、現象（相手の身だしなみ、言葉や応対の真剣さなどを含めて）はその人のあなたに対する心が吐露され、表現されたものなのです。思いやりのある態度は、その人のあなたに対する思いやりの気持ちが表れたものだ。

私たちはこの簡単なことを忘れていないか？

いとも簡単に相手に失礼な言葉を吐き、不誠実な態度を取っているのではなかろうか。横柄な態度や相手を見下げた言葉は、取り返しのつかない関係を引き起こす。

いま会っている人との「一期一会」を感謝し、縁を大事にしようと思えば、そのような応対になる。会っているその時を大事にしたいという真剣さがにじみ出ようし、会えた縁に感謝する心が言葉や態度に出る。相手の話はおのずと謙虚に聴き、態度も失礼のないものになろう。

自分の心が表れて言葉になり、態度になり、自分の考えが形になって出ていることを決して忘れてはならない。常に心がけたい言葉だ。

松下幸之助さんも大事にされ、心がけられたと聞いている。

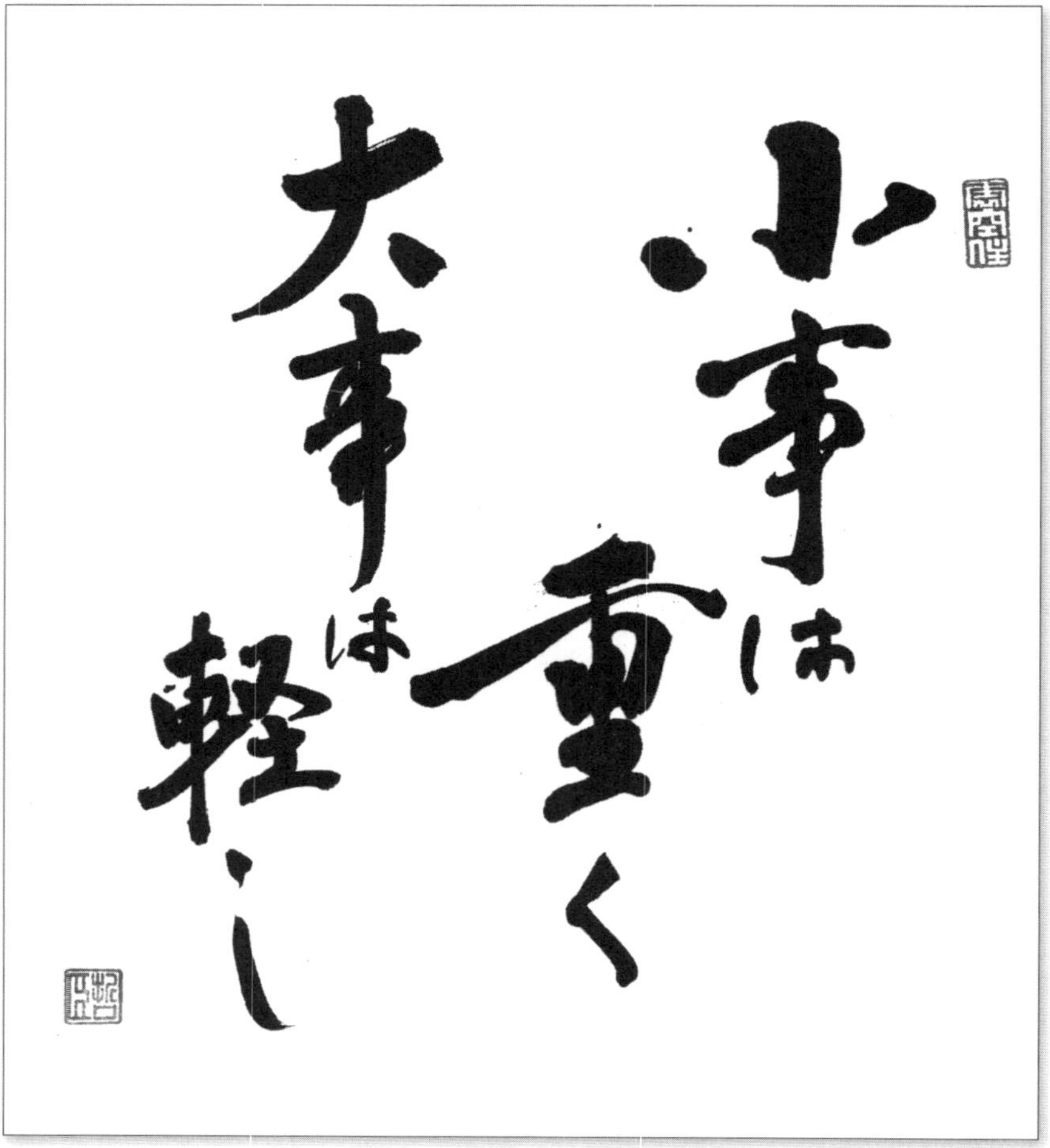
小事は重く
大事は軽し

経済界のリーダーであった中山素平さんが大事にされ、実行した言葉である。

同じ内容の心がけは茶道の千利休も重要視された。

誰でも処理できるような小さな事柄（小事）は、決して軽く考えてはいけない。全力で当たって処理を完璧にしなさいと。

逆に、誰にでも簡単に処理できない大事（おおごと）は、できなくても当たり前であり、周りも納得するので、出来なくても理解してもらえる気楽さがあると言う。

小さいこと、簡単なこと、それが能力的に十分できるにもかかわらず、しっかりできない人、やらない人はやる気がないのであって、本人に根本的欠陥があるか、誠意のない人と判断される。さらに相手を軽く見た結果、できることをやらないのではとさえ考えてしまう。

決してオーバーに言っているのではない。

具体的な例として、簡単な結果報告もしてくれず、はがき一枚の返事、一本の電話連絡もなければ、「私へは不必要と判断したもの」と私は考える。このような人は決して周りから信頼もされず、仕事上も重用されることもなく、仕事の広がりも期待できない。

だから毎日の生活の中で、小事こそ重大で、影響が大きいのである。

小事が主な雑事の処理のプロフェッショナルになりたいものだ。

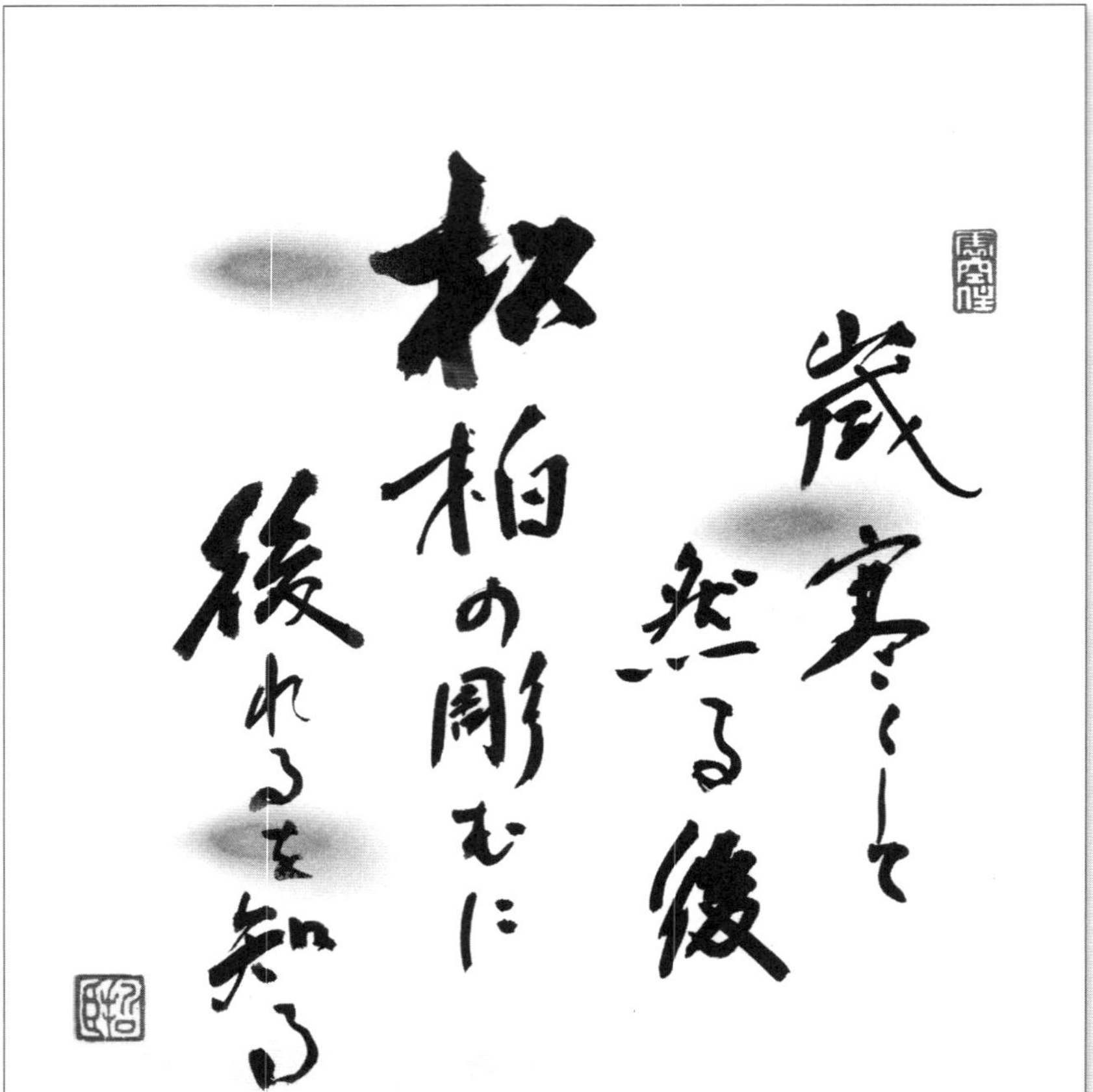
歳寒くして
然る後
松柏の彫むに
後れるを知る

論語にある言葉である。

寒気が厳しさを増す頃には木々は枯れ、葉を落とし、凋《しぼ》んだりするが、松や柏は凋んでいないと言うのだ。（中国では柏はひのき、さわらなど常緑樹の総称であり、松と並んで節操の堅いことに例えられる）

中野孝次氏によれば「孔子の人生に浮き沈みがあっても、信念をしっかり持っている人間は、変わらず孔子に付き従ってきた。信念のない人間はみんな去って行った。松や柏を信念の人の象徴して述べたものである。信念を持って生きる人と、そうでない人との一生は晩年になってわかる」と訳す。

信念を持った人は、環境や時局によって変化することなく、常に不変の自らの姿勢を保つ。安心してお付き合いができる人は根本的に不変であって、日により、環境、時局によってコロコロ変ることはない。変わる人はいったい本心はどこにある？　と疑われてしまう。安心して交友することができない。

自分も信念の人と言われたいが、なかなかにバーが高い。せめて他人に安心してもらえる人間にはなりたいものである。

凛とした松柏にあこがれる。

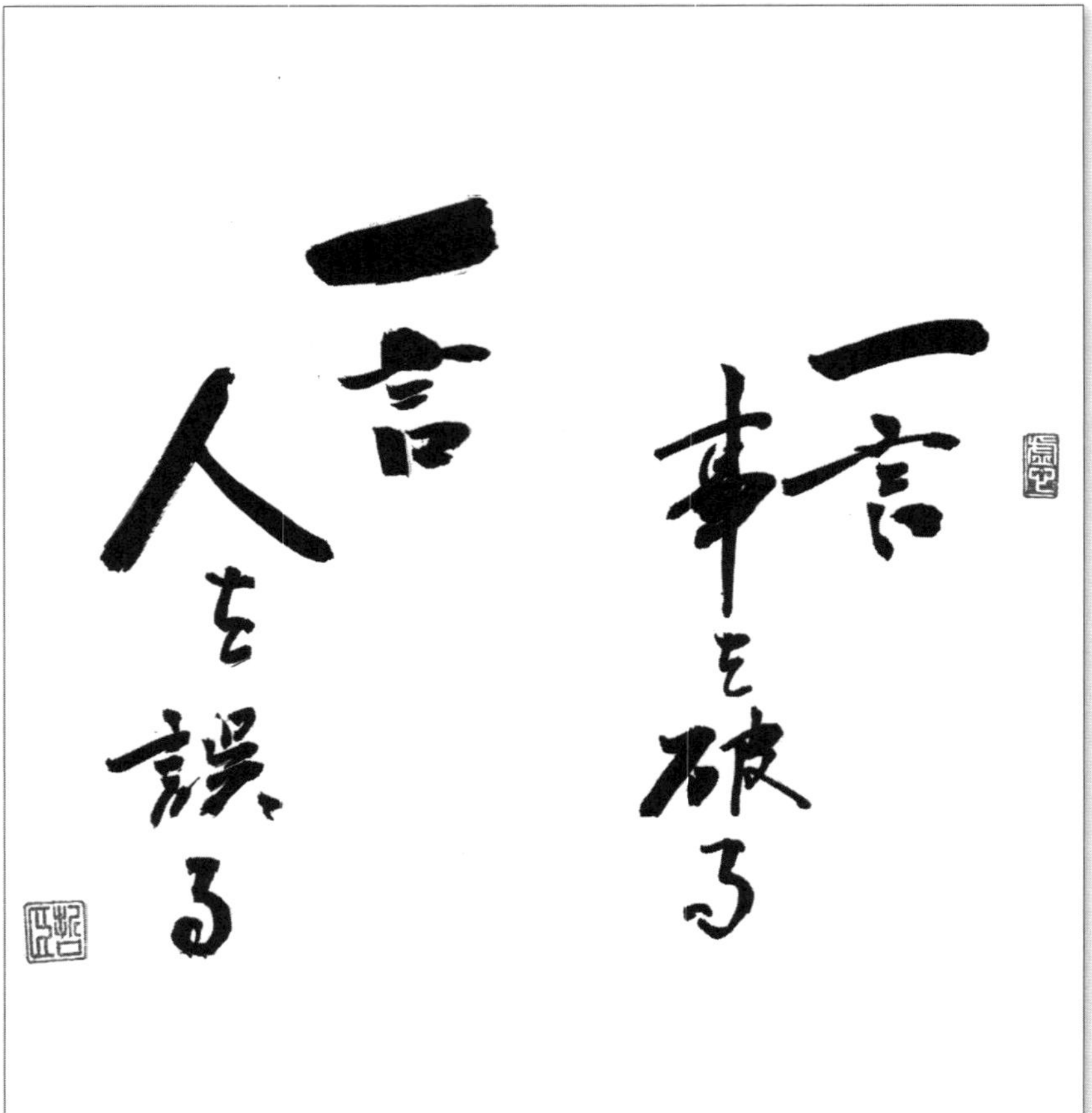
一言事を破る
一言人を誤る

アジアの碩学、安岡正篤氏の「一日一言」にある言葉。

一つの言葉が安定した状況を不安定にし、一国にあっては重大な内外事件に発展しかねない。心無い一言を発したために、その人の人格が疑われ、見識が笑われることにもなる。

たった一つの言葉であっても、その言葉は発した人の心、考えそのものだからである。

言葉は相手を傷つけ、相手からそんな人かと愛想をつかれ、見捨てられるようなことになる。そして今までの人間関係に重大な影響がある。それだけに発する言葉は慎重に誤解を生まないように心配りが必要になる。

だが、我々話をするときに、いちいちそのようなことを意識しているだろうか。素直に話をし、発言しているだろう。心境や考えがフランクに言葉になって出てしまうから、それだけに怖いのである。

ではどうすればいいのか。平素から言葉の重大さを考えて、個人的な怨念や偏見を超越し、教養を積んでおくより他に道はない。そして意志が明確に伝わり、かつ相手に配慮した言葉を発することができるように、トレーニングすることしかあるまい。

「一言、国を破る」と言う諺もあるぐらいである。

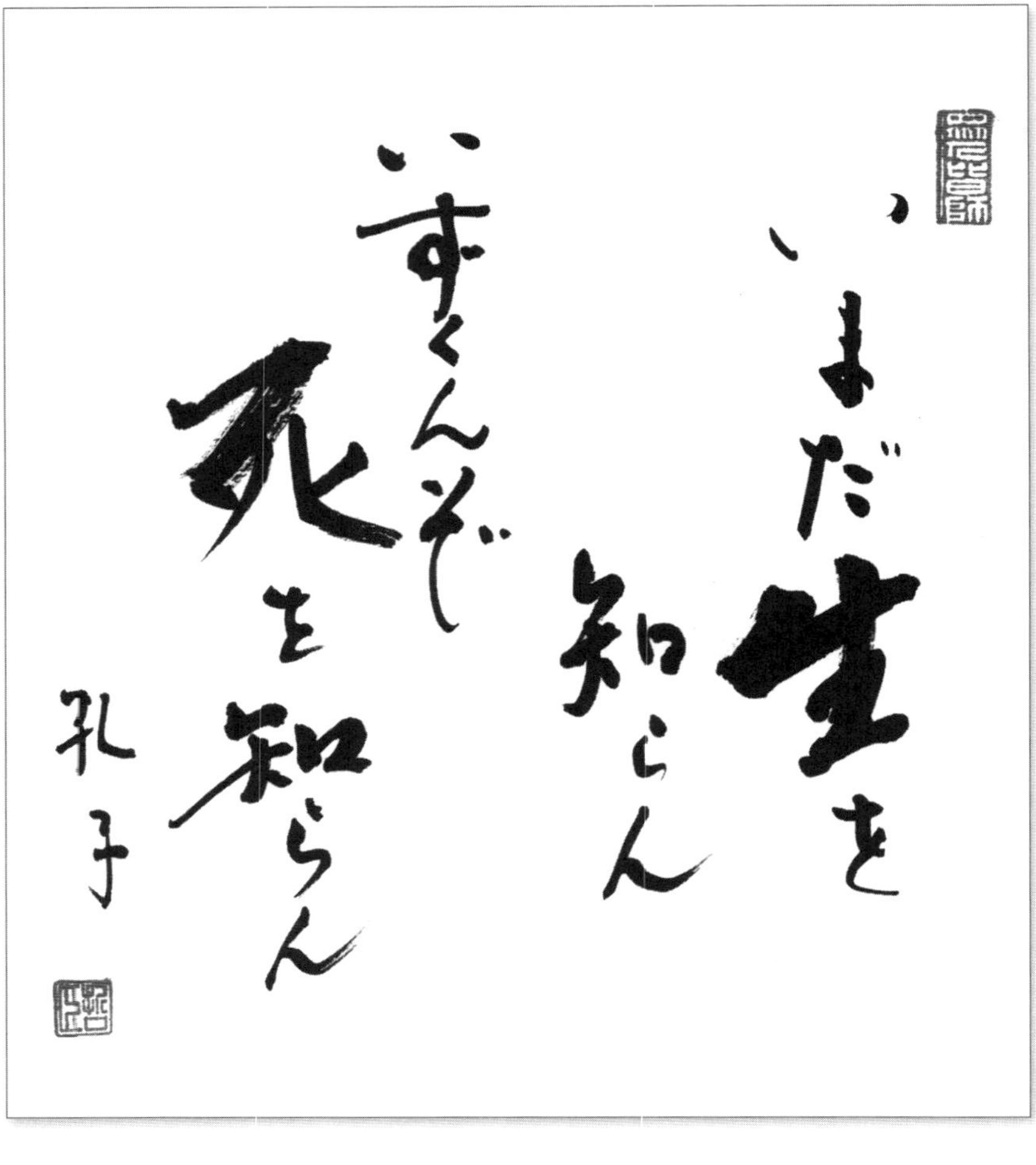
いまだ生を知らん
いずくんぞ死を知らん
孔子

孔子が弟子の質問に答えた言葉である。

「現在生きているその人生すらを、どのように楽しみ、充実させたら良いか十分わかっておらず、迷い悩んでいるのに、死のことや死後のことなど聞かれてもわからないよ。死後のことなど誰も経験したこともなく、推測してみたって無駄なことだよ」と答えた。

死や死後のことを考える時間があれば、もっと現実に生きている今を、より良く生きることを考え、人生を充実させるために学ぶことこそ重要なのではないのかと、現実主義者の孔子は弟子に指導した。

確かに我々は誰にも判らないことを詮索してみたい衝動に駆られることもある。現実から逃げ、次の世に期待することもわからないでもない。推測し、妄想にふけっても何も解決しないし、前進に繋がらないことはわかっていてもだ。

現代人は悩めることも多いが、勇気を持ってとにかく現実的に、具体的に、問題解決に立ち向かう努力をしよう。

幸い現今の社会では、解決に向けての相談できる窓口も、各分野にわたり用意されている。一人ではない、大いに相談しよう。

必ず対策は見つけ出せる。

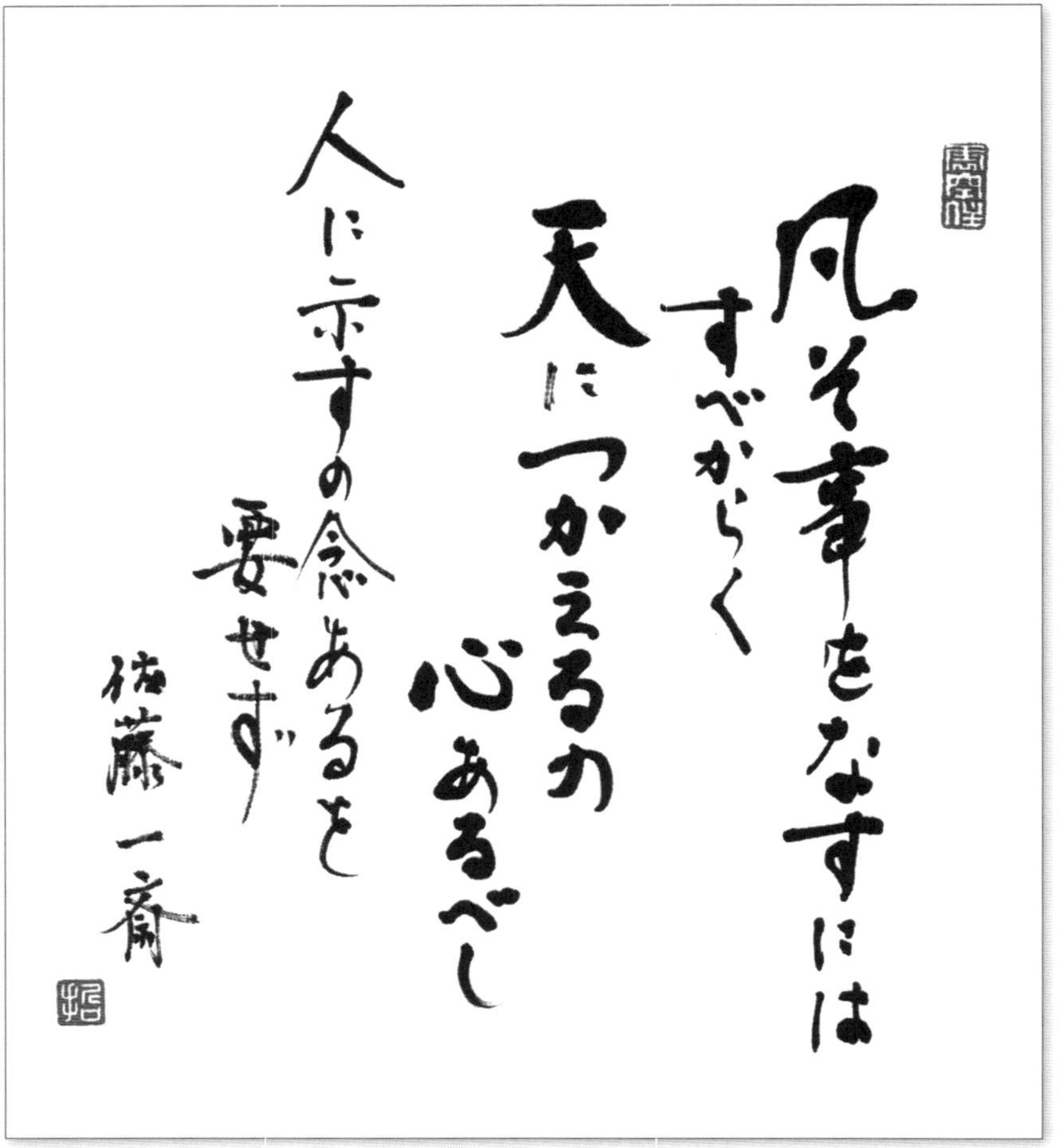
凡そ事をなすには
すべからく
天につかえるの
心あるべし
人に示すの念あるを
要せず
佐藤一斎

幕末の儒者、佐藤一斎の言葉である。

何事も取り組むに際して、天に恥じないかどうかを考えて、恥じないことを誠実に一生懸命やることが重要であると言う。また、自らの仕事の成果を、他人が褒めそやすことを望んだり、酷評しはしないかなどを頭においてやるべきでないと言うのだ。いわんや、自己顕示欲を満足させることを前提にすることなど、もってのほかと言うことになろう。

「天に恥じない」の「天」は宇宙の主宰者であり、造化の神とでも言おうか、何もかもお見通しの神的存在という概念であろう。この天に恥じないことを念頭に取り組み、努力することによって、はじめて有意義なことを成しえると言うのである。

天を基準に考えれば、自分の判断でもベストなものが選択できよう。

「天に恥じず」は「天に誓って正しい」と同じ意味であろうと考えるが、天が承認済みであれば、俗念を振り払って取り組める。しかも勇気百倍とともに確固たる信念のもと、集中心を強めてくれる。

何より自分に納得を与え、正々堂々と気分的に楽に取り組めよう。

明治天皇が感服された言葉と聞いている。

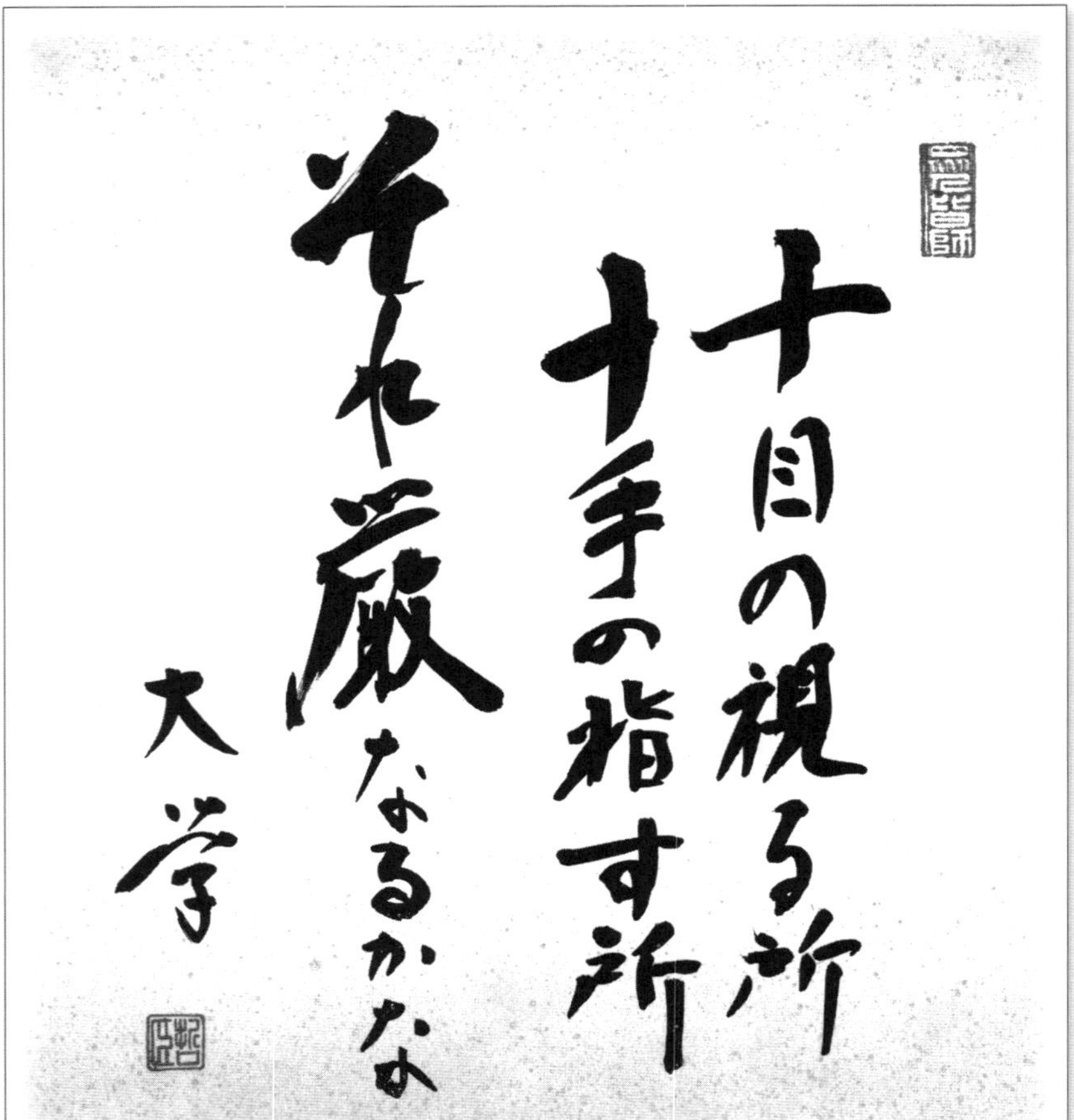
十目の視る所
十手の指す所
それ厳なるかな
大学

四書の一つ、大学の言葉である。

十目、十手とは五人ということである。一人には二つの目があり、二本の手があるから。五人の人が視る、しかも「視る」は「注意して見る」「気をつけて見る」ことだから、騙されるようなことはない。五人の人があの行動はなんだと指さすところは、的をはずすことはないと言う。

私たちは日常五人ならず、多くの人たちの中で暮らしている。その中で見られ判断されているわけだから、評判は正しいと考えてよい。評判が悪いということはよほど悪いのであって、決して偏った、一時的、表面的な評価ではないのである。したがって、自分も日々の生活態度や行動に注意し、社会に反することをしないように意識しないといけない。公私混同などしていないか、常に自分を律して反省する態度が必要である。

とは言え、いつもこんなことを考え続け、意識することはできない。とすれば、自分が伸び伸びと生活しても、また発言しても、行動しても、人が指さして笑うことのないような人間に、レベルアップする努力こそ大事になってくる。

「大学」が求める、目指す人間像は、人の目に余るような行動や、指摘されるような行動をしない自分形成に日々努力する人間ということになる。

目標は高いが、多くの人は頑張って到達しておられる。負けずに頑張って！と励ましてくれる。

これを知る者は
これを好む者に
如かず
これを好むものは
これを楽しむ者に
如かず
孔子

論語の言葉である。

ただ知っているだけの人は、そのことを好んでいる人には及ばない。好きな人は知っている範囲が広く深い。「好きこそ物の上手なれ」と諺もあるくらいだ。

さらに、そのことを好んでいる人でも、そのことを楽しんでいる人にはかなわないと言うのだ。楽しみのレベルになれば、そのこと自体が楽しいのであるから、積極的に、さらに詳細に、より広範囲に研究もするだろうから、もう一段のレベルアップができると。

では自分が楽しめるものは何であろうか？

よく「自分探し」と言う。自分が楽しめること、やりたいことは何か。何に向いているか？　などを真剣に考えてみることである。この作業はできれば高等学校時代までに済ませておきたい。そうすれば進学しても自分の学びたいことを研究し、より深く学ぶことができ、授業にも熱が入る。自分探しが不十分で進学してしまう者が見受けられるが、充実した学生時代はおぼつかないものになる。

自分の人生で一番長く時間を過ごす職業人生活を、楽しく過ごすことは自分にとって最高のことで、プロフェッショナルになって社会に貢献することにつながる。「自分探し」の取り組みは本当に大事で、人生に大きな影響をもたらすことになる。

英語に代表される外国語のトレーニングも、話をするのが楽しめる環境に身を置くことができればしめたものである。上達は約束される。

一日二日に
万幾あり
書経

五経の一つ、書経の言葉である。

一日や二日の短い間であっても、万のチャンス（万機）があると言うのだ。万幾とは多くのチャンスがあると言う事。人が生活するうえで、今日よりも明日が、自分が成長し、生活が良くなるように願って過ごす。「時間は誰にも平等に与えられている」とはよく言われる。

差ができるのは、その同じ時間をどのように生かせるかである。そこを書経は指摘しているのだ。よく見てごらん、目を見開いてごらん。毎日毎日の生活の中に、身の回りの中にたくさんのチャンスがあるではないかと。

問題はそのチャンスを手に入れようとしない自分であったり、気が付かない自分であったりはしないかと言う。今会っている人がチャンスではないか。今聞いた情報の中にチャンスがあるのではないかと。

アンテナを研ぎ澄まして、意識して機会をうかがう姿勢があるのかと問う。

剣豪・柳生家の家訓に「小人は縁に出会っても縁に気付かず、中人は縁を生かし切れず、大人は袖すり合うも縁だと気づき、その縁を大事にする」というのがある。私ごとで恐縮だが、アルバイトを通じて知り合ったお客様から就職活動時「どこの会社でも入社させてあげる」と言われた経験がある。（お世話にならなかったが）

一日を生かせるか、チャンスにするのかは、我々個人の問題意識の有無のようだ。情報社会に生き、他人の持っている能力、情報を自分に生かせてこそ「万機」につながる。

他人との出逢いに感度を高め、大切にしよう。

疾風に勁草を知る

中国の正史、後漢書にある光武帝の言葉である。

平穏な微風の時には、どの草も日に向かって伸び伸びと立っているが、一端疾風が吹くと弱い草はなぎ倒されてしまう。強い風が吹き荒れた時にこそ、強い茎を持った草（勁草）は風に耐えて倒れず立っている。草の強さが判るのは疾風の時（厳しい環境の時）であると言うのだ。

光武帝は自らの戦いの中で、最後まで戦い勝利に貢献した部下達を評して、草に例えて表現したとのことだ。

人間も会社も同じである。会社の苦境の時にこそ、平素から蓄えてきた本当の実力を発揮して、役に立つ人物が存在してほしいものだ。皇帝も社長もその数の多いことを願うのは今も昔も変わらない。

個人としては、社員としてもピンチの時にこそ、実力・能力を発揮でき、頼りにされる人材になりたいものである。そのような人材は「ローマは一日にして成らず」であり、急には育たない。植物に例えれば、平素からいたずらに枝葉を伸ばさず、根を深く伸ばし、幹をたくましく養う目立たない努力の連続が求められる。

現代の企業の裾野は広い。どの分野での勁草を目指すかを決めて、日々努力しよう。

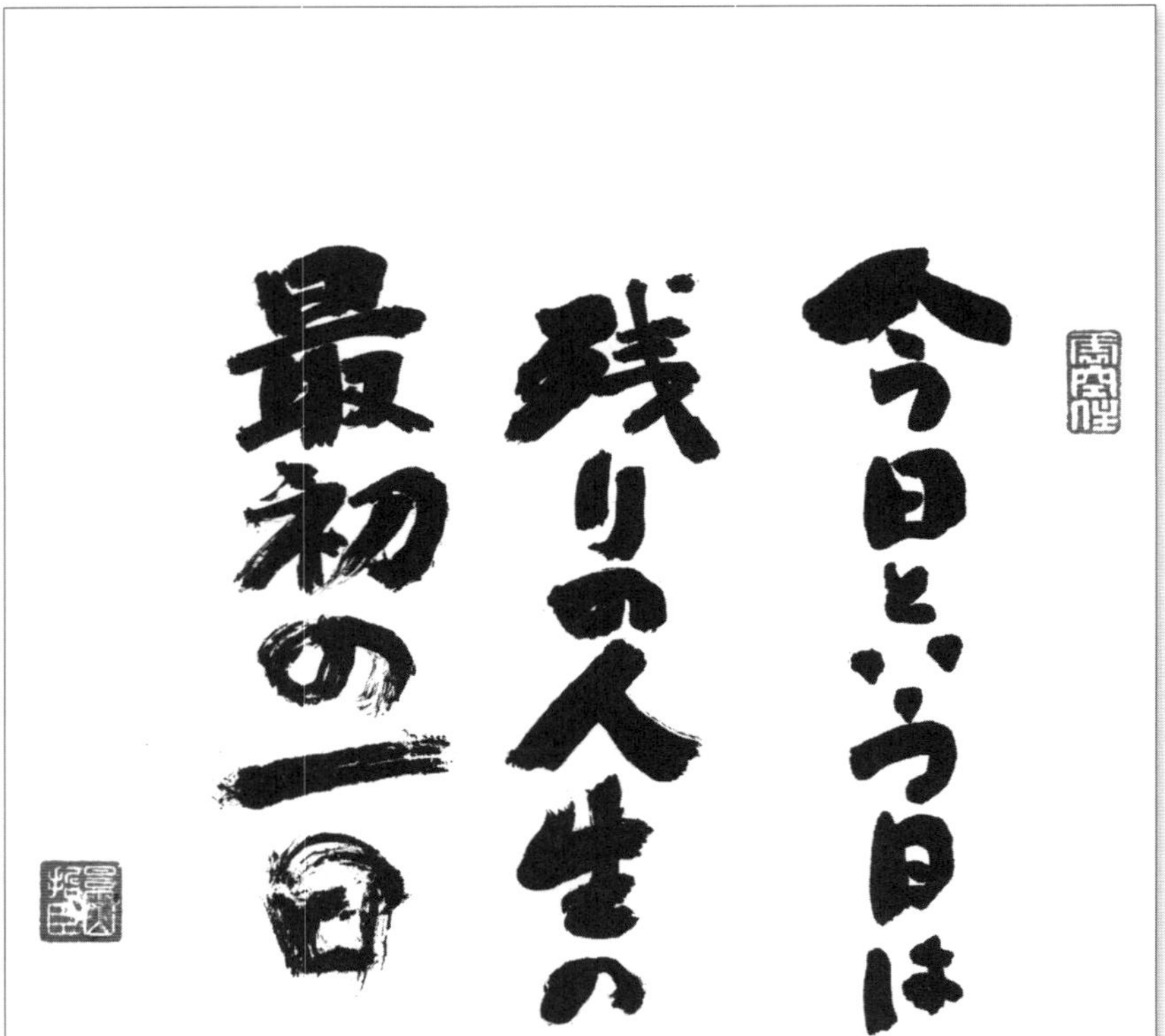
今日という日は
残りの人生の
最初の一日

アメリカ映画「アメリカン・ビューティ」のセリフの一言とか。

限りある私たちの命を常に意識し、今日は貴重な大切な一日として過ごしたいが、現実にはそうとばかりにはいかない。

いつか突然来るであろう死を強烈に意識しては、希望も夢も湧かないし息が詰まる。

自分はまだまだ長く生き、人生を謳歌できると思っているから、希望も夢も描け、より良い生き方を目指して頑張れる。

だが、実際には本当にこのセリフのとおりで、今日という日は「残された人生の最初の一日である」。だからこの一日を大事にして全力で生きよう、目標に向かって最大限の努力をし、悔いを残さないようにと思う。

わが国でもこれと同じ意味の言葉（「一日一生」など）が多い。命に限りある人間にとってアメリカも日本も世界共通の考えである。

たまにはこのセリフを思い出して、与えられた命の尊さに感謝し、謙虚に、真剣に生きようと、清々しい朝には、スタートラインに着く気持ちを持ちたいものだ。

前人

母校、明治大学のラグビー部監督の言葉である。

本来、ラグビー部員にあてた心構え、戦法だろうが、今では明治の学生が共有する精神になっている。

「前へ」進め、一歩でも前に進め。前に進んでいる限りトライ（得点）に繋がる。ラグビーに限ったことでない。前に進めている限り、少なくとも後退はしていない。そのうえ往々にして前進しようとするやる気が、弱点や欠点を隠くし、優れている点を引き出す結果にもなる。

壁に当たり難局に立つことがあっても、立ち止まるのは禁物である。

ファイト一番とにかく前進する策を考え、そして具体的に取り組もうではないか、の合言葉になった「前へ」である。

しかし今の時代、「前へ」でただ積極的に考えさえすれば、解決できるほど簡単ではないことも多かろう。案件によれば周りに相談し、分析し、場合によれば企業総力を挙げて戦法を決めた上での「前へ」である。

そのうち事態は必ず開けよう。

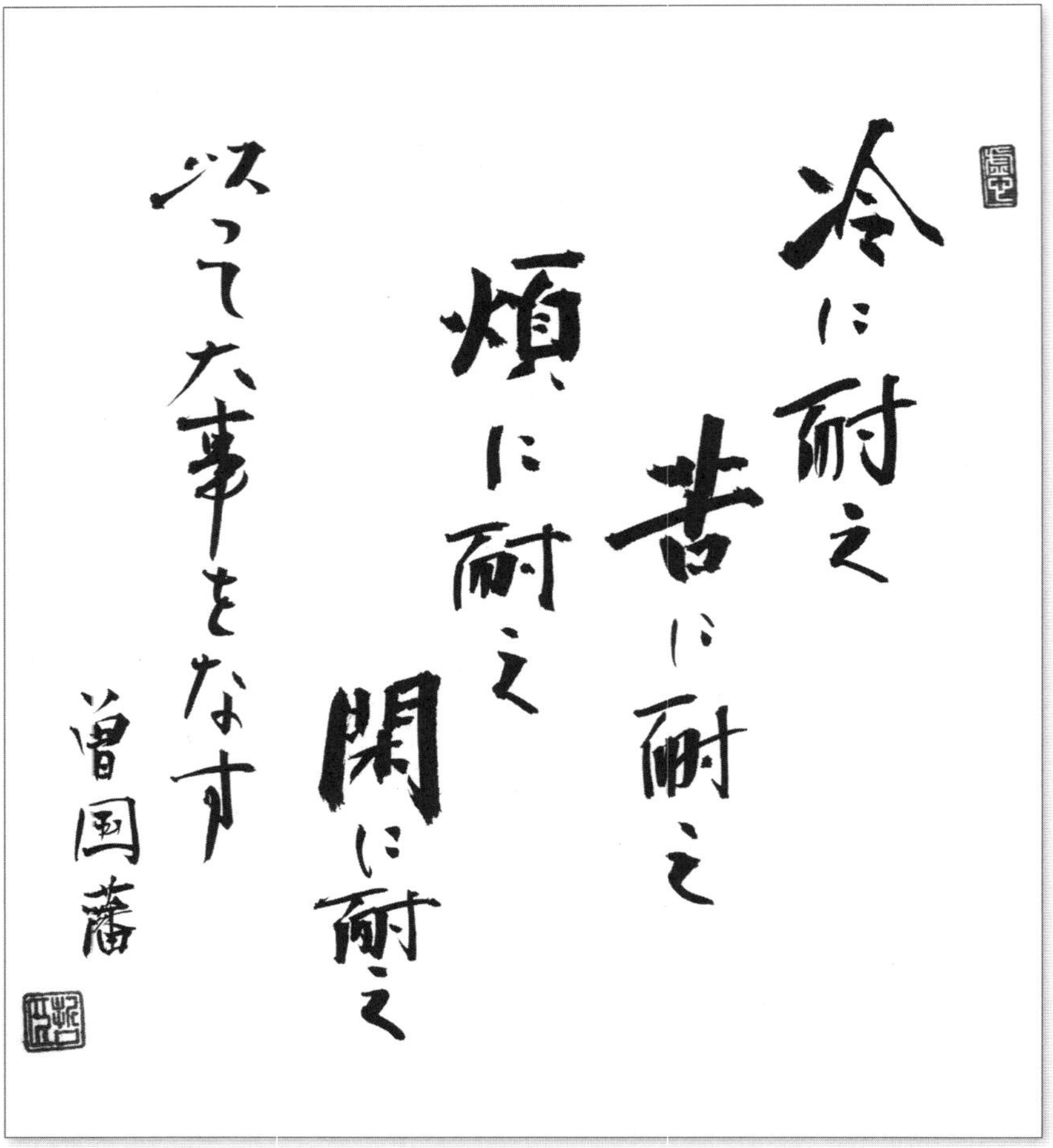
冷に耐え
苦に耐え
煩に耐え
閑に耐え
以って大事をなす
曽国藩

清朝の軍人であり、政治家でもある曽国藩の言葉である。

自らの人生を通じての経験から出た名言である。冷酷な扱いを受けたが耐えた、苦境に立たされたが頑張った、超煩雑な時代にも耐え、またある時は無視され世間から干され閑職に追いやられた。そういう経験をいろいろした者でなくては、大事件や重要な事案の解決に能力は発揮できないと言っている。

つまり、人生の甘いも辛いも経験して初めて、人間社会が理解でき、人間とはどういう動物かを知りうる。自分もじっくり腹を据えて本当の実力が涵養でき、それらの経験が実力となって発揮できるのだと言っている。

今、あなたは寒風に耐えて、根を深く伸ばしている時代ではないのか。

今、あなたは春風で蓄えてきた力を、思いっきり発揮できる時なのではないのか。

厳しい時は自分を強くして、人生を豊かにする経験をしていると考えよう。この経験が自分の実力の涵養に繋がっているのだと考えれば、耐えられるし頑張れる。しかも、サラリーマンなら給料をもらいながら、経験し学んでいると考えれば、有難く元気も出よう。

いつも順風ばかりであるものか。といって逆風ばかりでもあるものか。

自分の力を発揮する時が、必ず来る。その日のために耐え準備しようではないか。

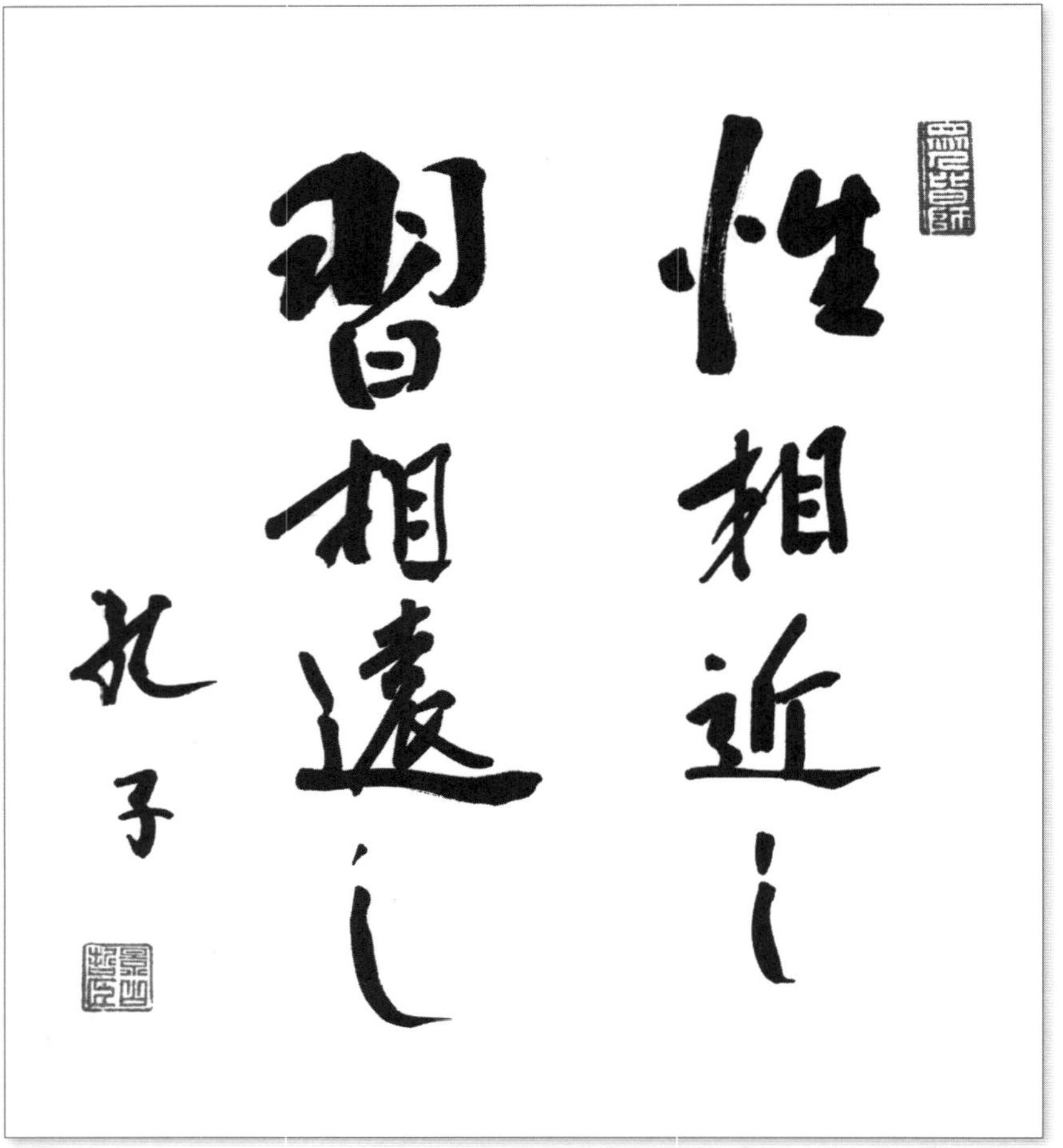
性相近し
習相遠し
孔子

論語の言葉である。

人間として世に生を受けた時は、誰しも同じようなものである。それがいつの間にか差ができ、その差は大きく広がっていく現実を見据えている。

なぜ差が広がるか？　習い、平たく言えば学びであると言う。

本来「習」という字は、巣箱から飛び立つヒナが、羽をばたばたさせ、飛び立つ訓練をすることを表わす。人間にとっても同じで、どれほど、一人前になるのに習うことが重要であるか、そして習い続ける者とそうでない者との差は、大きな差となってしまうかを訴えている。

学生時代は学んだが、卒業と同時に学ぶことを止めたでは成長は望めない。社会に出れば社会勉強をすることが求められる。その上現代においては技術の進歩も、時局の変化も急で、追いつくために学ばずにはおれないという事情がある。社会人になってからが本番の学びである。生涯学び続けようと生涯教育が叫ばれている。

孔子は学び続けることの重要性をこの短い言葉で示唆し、生涯教育の必要性を提唱している。

孔子は教育者としての一生であったが、面目躍如たる章句であろう。

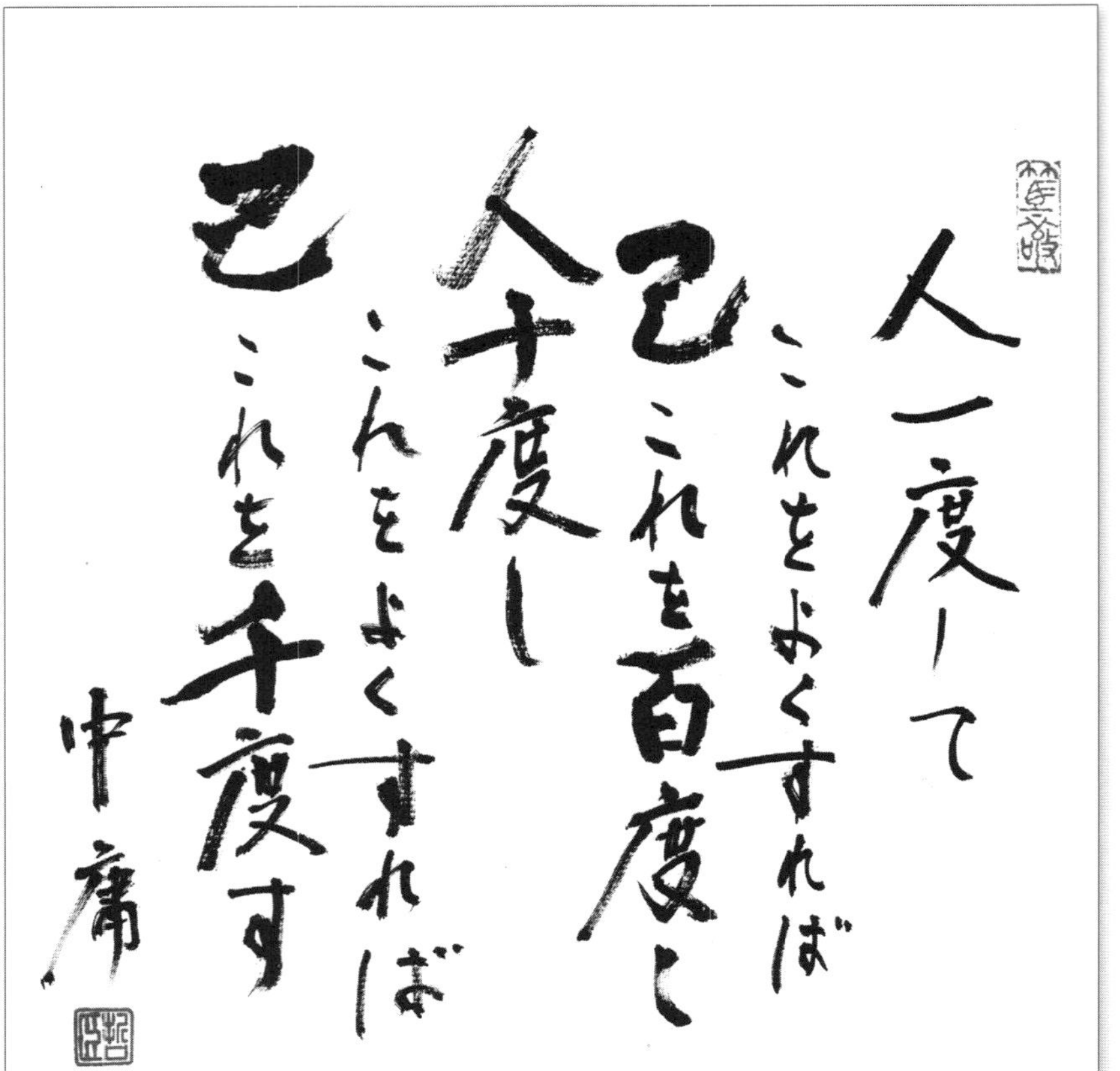
人一度して
これをよくすれば
己これを百度し
人十度し
これをよくすれば
己これを千度す
中庸

四書の一つ、中庸にある言葉である。

他人が一回でうまくやり遂げるのであれば、自分は百倍努力して同じようにうまくやりたい。他人が十回練習してうまくやるのなら、自分は千回練習努力するぞ、と宣言している。

努力の必要性と、自分の覚悟と負けん気をともに述べている。

他人に敗けない成果を出そうとすれば、人の百倍の努力が必要であると。

現実には頭ではわかっていても、悲しいかな、なかなか実行できない。

結局、他人より優れる人は、百倍の努力を成し遂げる人物であり、継続して努力しているのである。

一流と言われ、他人より抜きん出るためには、努力以外にはないということだ。

論語にも「性相近し　習相遠し」とある。誰も生まれた時は同じであっても、その後の学びや努力の差によって大きな違いになってしまうと警告している。

自分もベッドにこの言葉を張っているが、未だにゴルフは初心者の域を出ない。

私の努力が百倍はおろか、全く不足しているからである。

この世の中で
一番大切なことは
自分が
「どこにいるのか」
ということではなくて
「どの方角に向っているか」
ということである
ホームズ

アメリカの文筆家　O・W・ホームズの言葉。

生きていく上で、過去を回顧することもたまには重要だが、進もうとする未来に、思いを広げることの方がはるかに重要だろう。回顧からは反省が得られたら十分であり、余り役に立たない。

自分は「今どこにいるのか」より「これからどの方角を目指そうとしているのか」の方が大切だと言う。

一歩を進めるにしても無闇に進んでも、試行錯誤ばかりで効果は上がらない。明大のラグビー部の合言葉「前へ」では、とにかく前向きにと言った。しかしそれには戦略や作戦があっての上での話である。

どの方角に向いてどのような将来図を描き、できれば目標を具体的に数値化するぐらい、明確なものに練りあげて取り掛かりたい。徳増須磨夫氏（自分の勤めた住友海上の社長）は「夢に日付を」といわれた。

そうした方が、はるかに実現性が高いし、頑張りも効き、日日手応えを感じて前進できよう。

人生にはルールがある

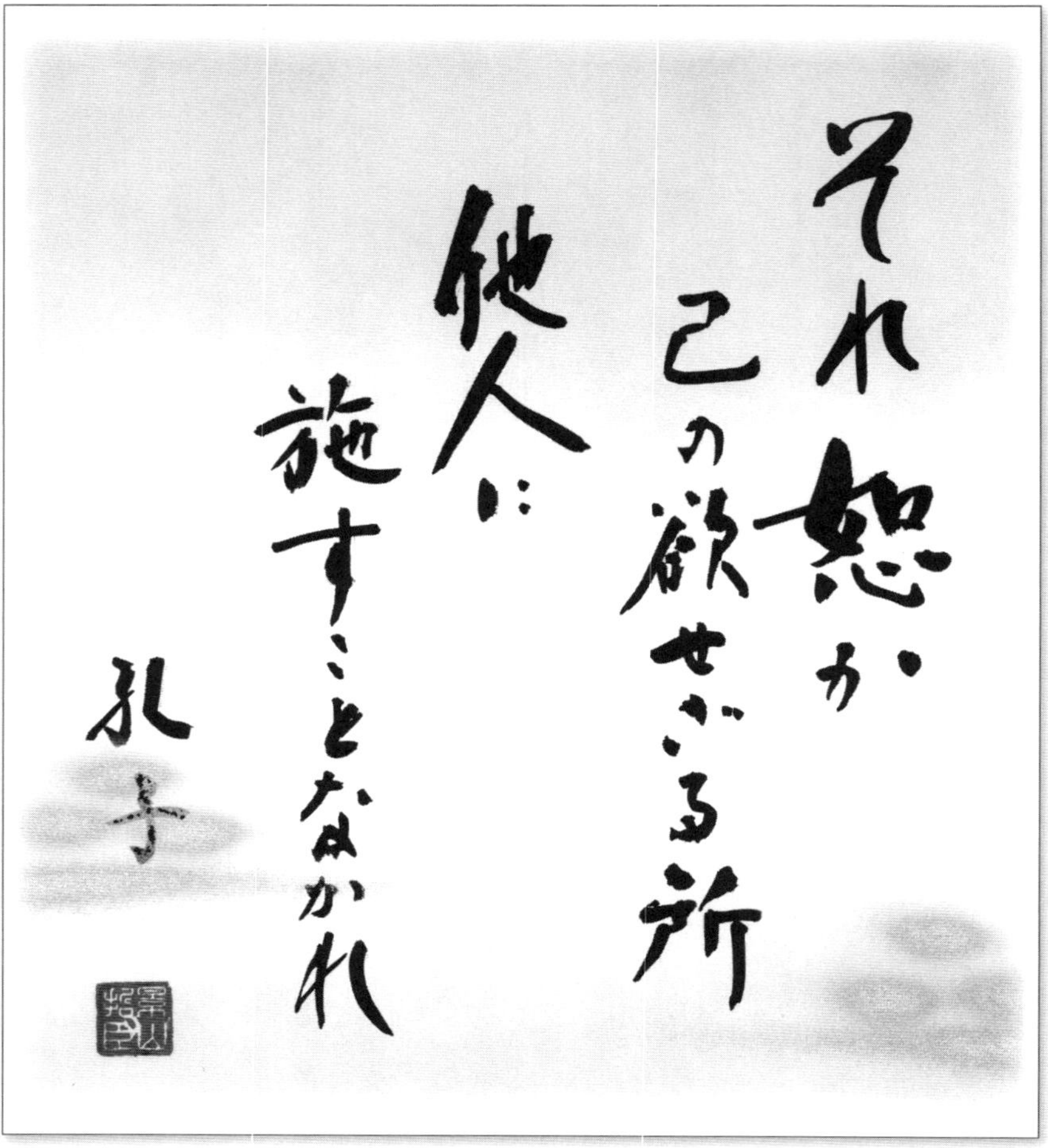
それ恕か
己の欲せざる所
他人に施すことなかれ
孔子

孔子は弟子の質問に答えて、一番大切にして生きてきたのは「恕」だと答えた。「恕」とは広く深い概念の言葉だろうが、わかり易く言えば「他人への思いやり、いつくしみ」である。「恕」を具体的な行動で言えば、自分にされては困る嫌なことを、自分が他人に決して行わないことだと言う。

デール・カーネギーも同じようなことを言っている。

人間が共同生活するうえで、守らなければならない大原則なのである。

しかし現実には、嫌がることとなのかどうかの配慮が行届かないまま、悪気はなく、平気でこの原則に違反している私達がいるのではなかろうか。いちいち気にしていれば前に進まないし、気楽な生活も望めないではないかという理由で。

親しい友人がいつの間にか疎遠になってしまったり、仲間の輪が思うように広がらない理由はどうもこの辺りにもありそうだ。

まず一つの言葉、一つの行いを「恕」の気持ちで、他人に、より配慮する自分を築く努力を続けたいものである。それによって難から避けられることも多い。

無防備な発言や行動が、他人を傷つける例を数えられないほど見てきたから。

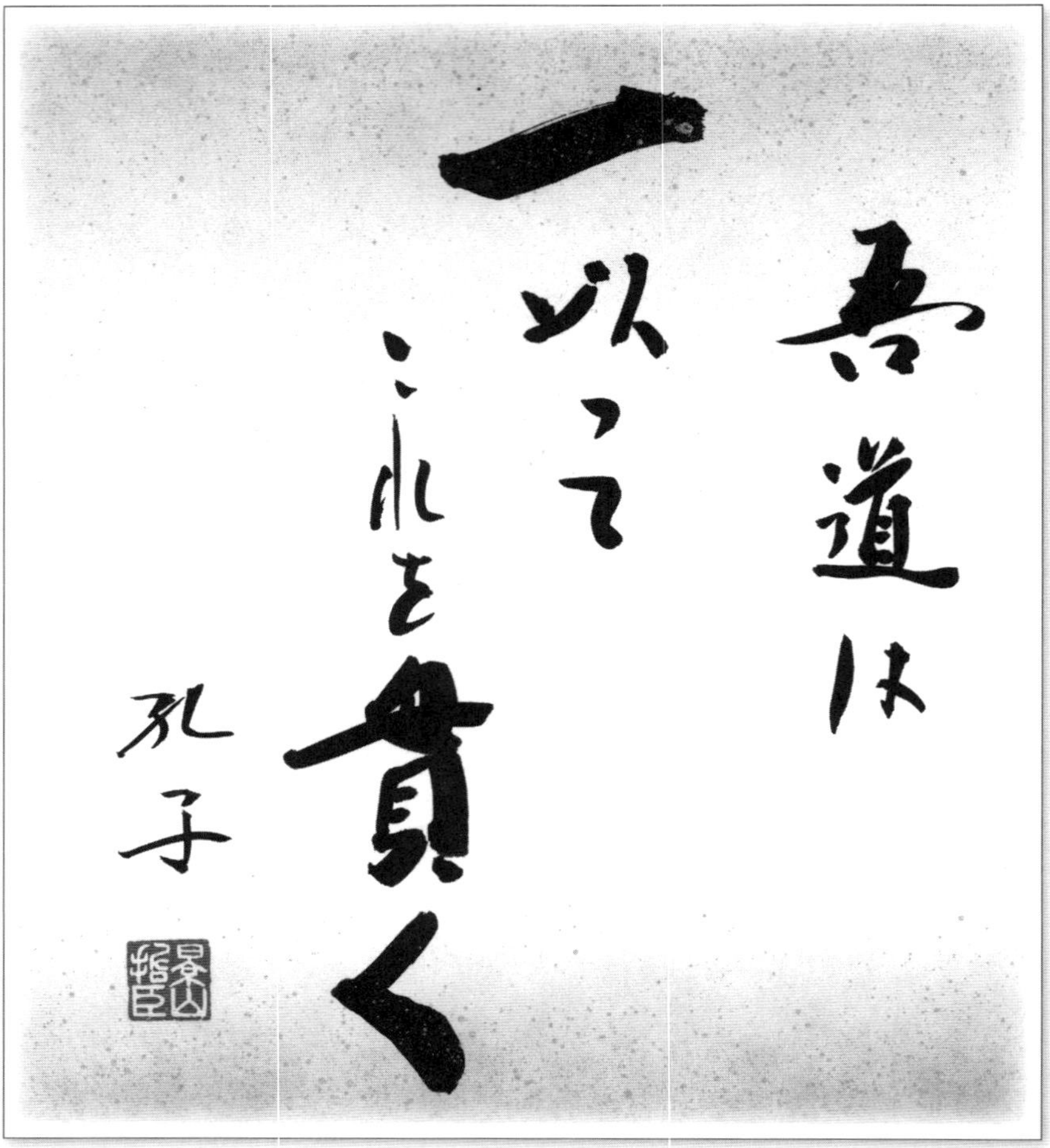
吾道は
一以って
これを貫く
孔子

孔子の生き方を伝える論語の言葉である。

孔子は七十三年の生涯を一貫して「恕」を心の中心に置き、考え、行動してきたと言うのである。「恕」とは前頁のごとく他人への思いやり、いつくしみである。R・チャンドラーは自らの小説で探偵マーロウに「優しくなければ生きる資格がない」とまで言わしめている。他人への優しさ、思いやりは人間関係の基本をなす。

仕事の上では、一つの仕事で一生を貫けたらそれに越したことはない。しかし現代に生きる日本人の人生八十年を、一貫した仕事で過ごせる人は少なかろう。激動の時代を挟んで、並の努力では成し遂げられぬ。

現にサラリーマンの場合、六十五歳まで働くことを考えれば一種類の職業、仕事場では足らない。仕事の中味も変わらざるを得ないのが現実である。その中にあっても、せめて生き方や考え方を貫き通すものを持ちたい。

自分のことで恐縮だが、サラリーマン時代も微力ながら後進の育成に心を使ってきたつもりだ。退職後の仕事でも、望んだ教育に携われたことは幸いで、教育の仕事はやりがいがある。これからも少しでも力を尽くしたいの一念で「一（指導教育）以て人生を貫きたい」と思っている。

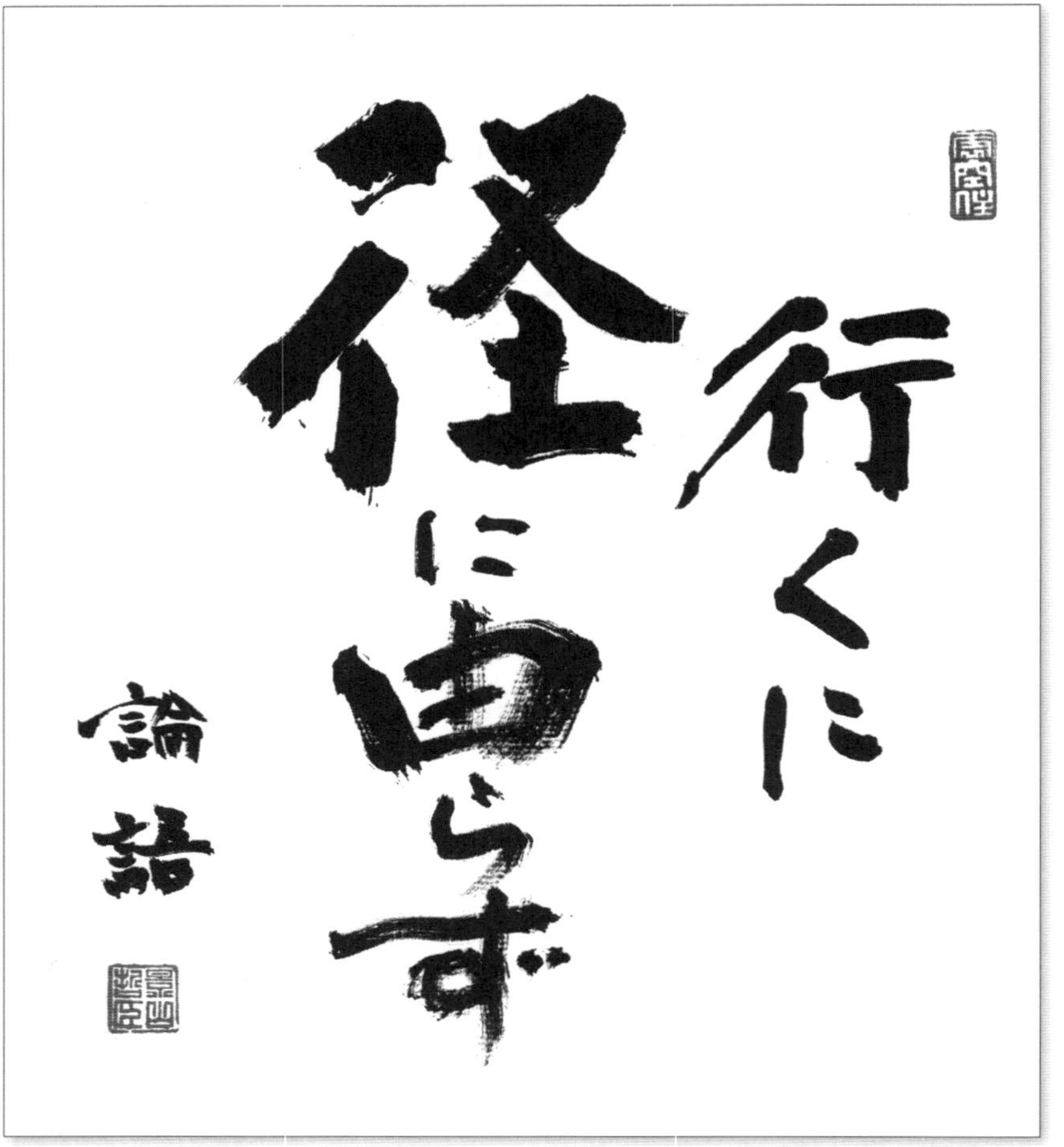
行くに径に由らず
論語

論語に出てくる、ある人物を称えた章句である。

「径」はコミチと読み、字のごとく狭い道で、これに対して大きな道は大道である。

近道だからといって狭い道に入り、要領良さを発揮させたりせず、常に正々堂々と少し遠回りになっても、大道を行く考え方をする人物を上司が称えたのである。

確かに長い人生において近道を選んでも、たいした差は生じない実感を持つ。むしろリスクの方が大きく、結果的にはマイナスの危険が大きいかもしれない。

大道を行く人間は慎重で安心でき、万事が堅実であるから、部下としても仕事を任せるにしても、優れている人物と社会では判断される。基礎から着実に積み上げ、作り上げている人物の考え方や生き方は、明確で変わらぬ実力があり、上司が安心して任せることができ、メリット大である。

だが今の時代、常に大道を選ぶのが良いとも限らない。時と場合による。ここがむずかしいところだ。ケースバイケースで使い分ける能力者が重用されよう。要するに、自ら自信を持って判断できる能力の高さや、柔軟性・洞察力が問われることになろうか。

基本は基本であり、その上に立っての応用動作ということである。

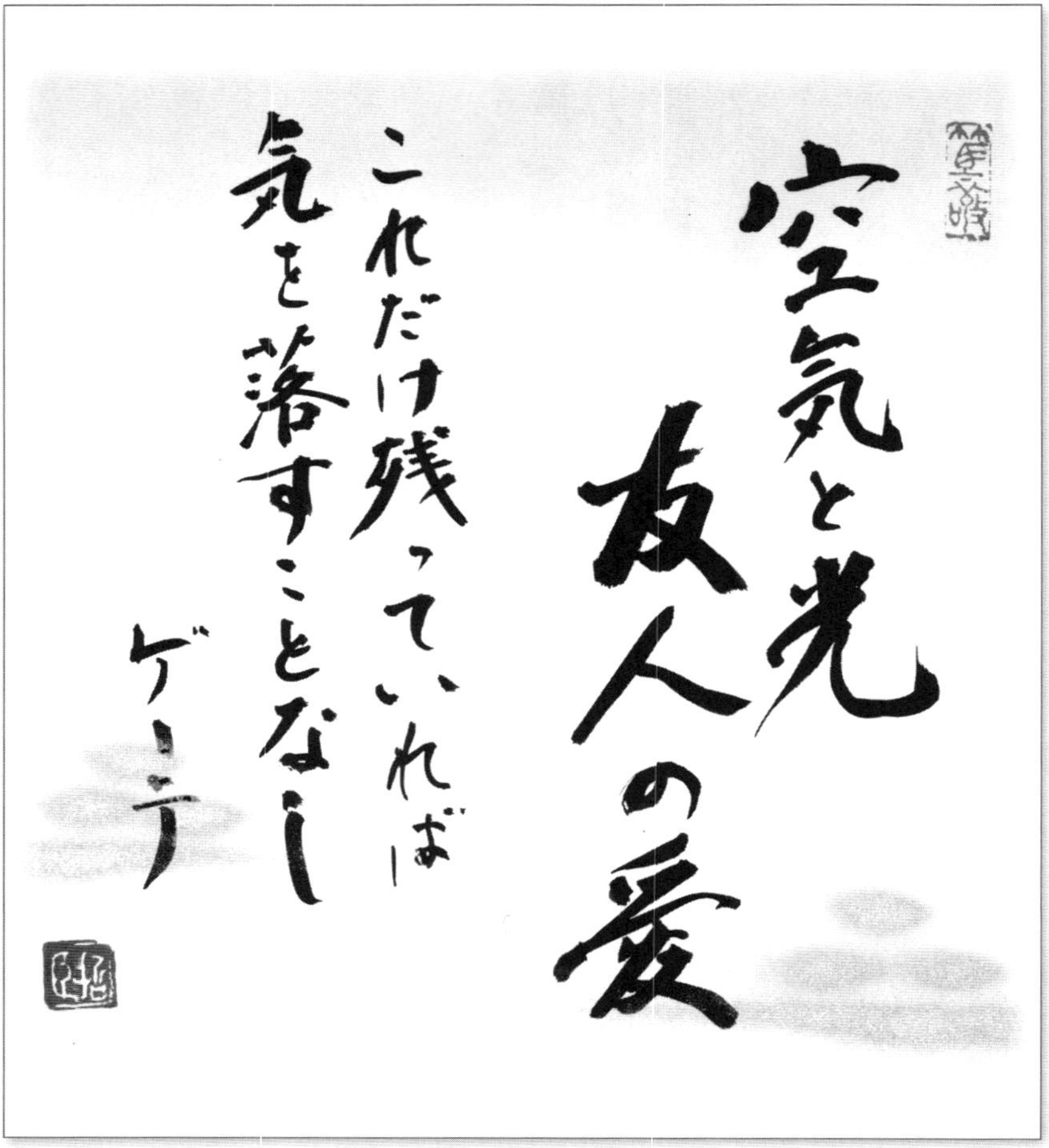
空気と光
友人の愛
これだけ残っていれば
気を落すことなし
ゲーテ

ドイツの大詩人、J・W・ゲーテの言葉である。

清純な空気を吸い、燦燦と照る光の中に自分がいる。誰でも得ている日々の生活である。それにプラスして、語り合え、自分を理解してくれる友がいてくれさえすれば、落胆、失望することはないとゲーテは言う。

友が自分を親身になって理解し考えてくれ、大事に思ってくれることが愛であろう。問題はどうやって友の愛を得るかである。

私にはそんな友がいるであろうか？　不安になる。友を大事にしようと努力してきたし、付き合いを大事にしてきた自負はある。しかしそれだけでは愛してくれるほどの友はできまい。表面的付き合いや交流では不十分なのである。

どうする？　まず今の自分を魅力あるものに作りあげる努力を要する。その上で自分が友人を親身に愛し、理解することができずに、愛や理解を求めても実現は低いであろう。友人はあなたからの愛を感じ、あなたは友人から愛がもらえるのである。ギブアンドテイクである。

くどいが、自分の人格を磨き、魅力的な性格をめざし、人への配慮、優しさなどを身に付け、そのことを自分から示す姿勢こそが、相手の理解を得、愛を受け取れる近道なのである。

ゲーテの言う「愛」には相当な努力が求められそうだ。

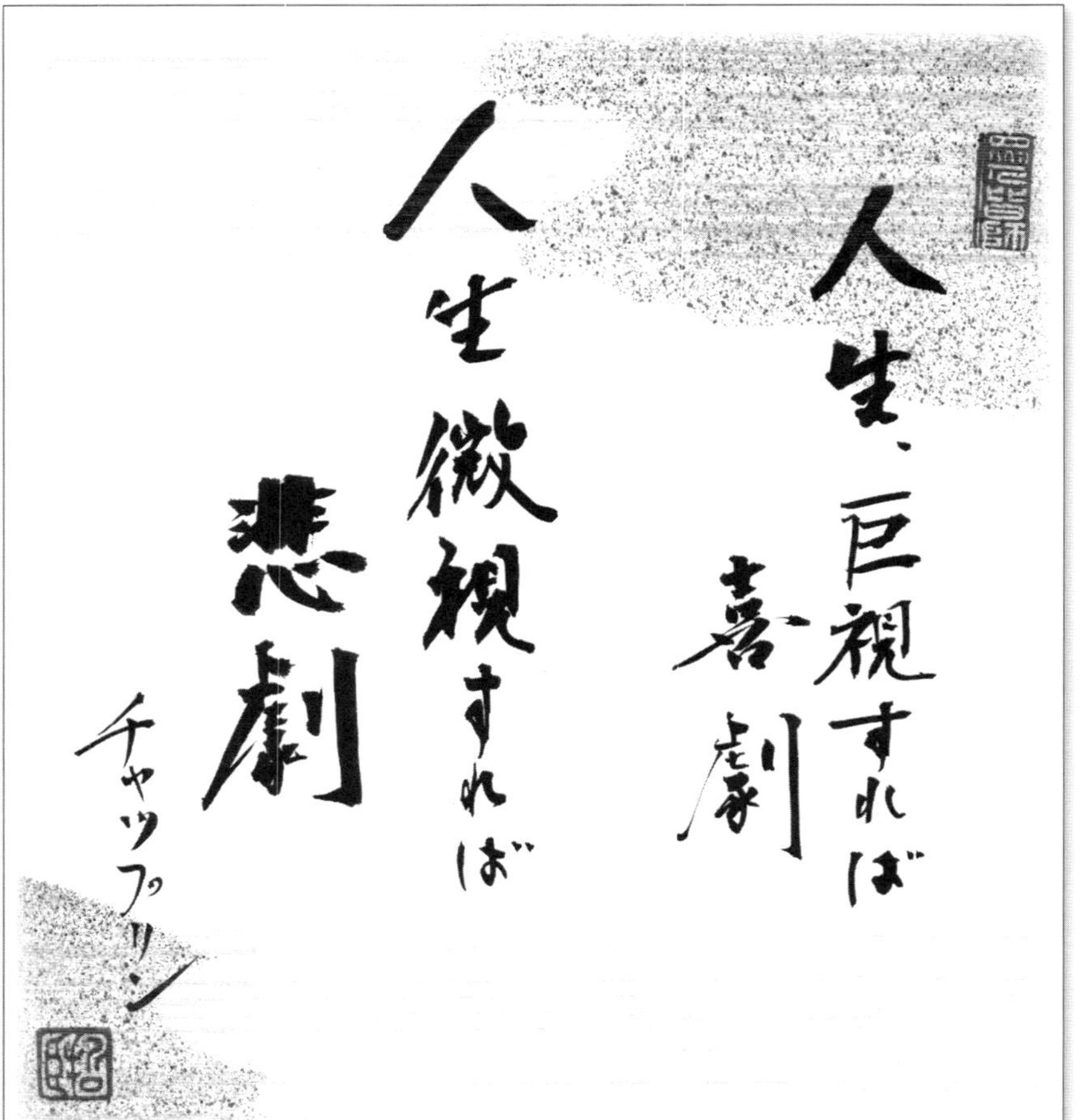
人生、巨視すれば喜劇
人生微視すれば悲劇
チャップリン

世界一の喜劇王、C・チャップリンの言葉である。

いつも見る人を笑わせ、人生を楽しませてくれるチャップリンにしてこの言葉である。人生を表面的に全体的に見れば喜劇であると言う。確かに、ほぼ恵まれた人生はそうかもしれない。納得できる。

しかし、そのチャップリンにして人生を細かく見れば、経済的に苦しみ、心を痛めたことがたびたびあって、その時期には悲劇を味わったと言うのだ。

笑いの渦を興す喜劇王の裏に、悲劇の日々の裏打ちが、数多くあったチャップリンだったのだ。

だからこそ人は何に笑い、どうすれば笑いを引き出せるかがわかったのではないだろうか。

「どの作品がベストか」の質問に「ネクスト・ワン」(「次の作品こそベストな作品だ」)と答え続けたように、次の作品に情熱と努力を傾ける創造力を持ち続けた。

いわんや凡人には悲劇の演目が多いのは当たり前で、その悲劇の主演を演じ、懸命に解決する努力をする。そのことを通じて人生の味わいや厚みが深められ、いつかは心から笑える日もプレゼントされると信じながらである。

誰の人生もそんなものなのであろう。

悲劇もいずれは懐かしい喜劇になると考え、人生を受け入れて楽しもう。チャップリンも「頑張れ」と背中を押してくれる。

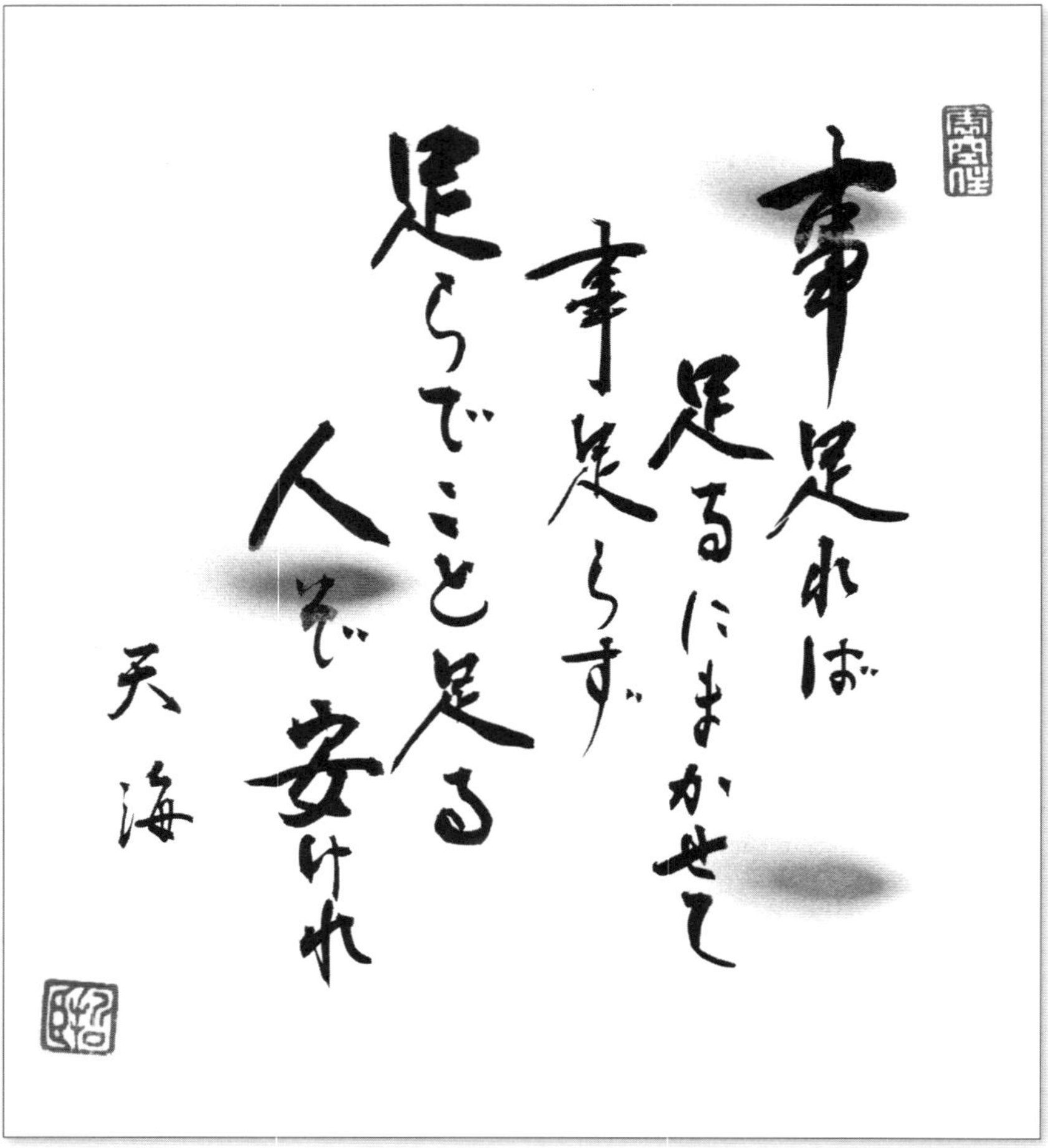
事足れば
足るにまかせて
事足らず
足らでこと足る
人ぞ安けれ
天海

徳川家康の参謀、天海僧正の言葉である

天海は言う。「十分足りて満足の状態でありながら、まだ足らぬと言うのが人の常。しかし一方で、十分でないのに十分足っていると思える人は、心が平安に保て、なんと素晴らしいことであろうか」と。

孔子と二大思想家といわれる老子も「足ることを知る」ことの重要さを説く。

人間には欲があり、一つの欲が足れば、さらに上の欲を求めて際限がない。

人間の、まだまだ不十分、満足できない！　の気概は社会の改善、人間社会の成長のためには不可欠な要素ではある。しかし止まる所を知らない人間の本能が、多くの歴史上の大事件や戦争を起こしてきたことも事実である。

どう折り合いを見つけるか、人間社会の永遠の課題。

必要なのは広い視野に立って、現状への感謝と満足ができる自己の構築が大事でなかろうか。その上で無理のない、更なる希望に向かって、努力する自分でありたいと願っている。

先憂後樂

宋代の政治家、氾仲奄（はんちゅうえん）の言葉である。

「よく学び、優能な人（士）は天下の憂いが現実になる前に、憂いを察知して対策を考える（先憂）。だから憂いが現実になった際にも慌てない。一方楽しみ事は、人が楽しんだ後にゆっくり遅れて楽しむ（後楽）ものだ」と言う。

この言葉から四字熟語の「先憂後楽」が生まれた。士の余裕がうかがえ、スカッとした心境であろう。

余談だが、東京の後楽園や岡山の後楽園もこの言葉から名付けられた。

現実に私たちが先見力を磨き、災難や難題に心構えをして備え、そのうえで日々を楽しめたらどんなに良かろうか。ともすれば逆で、楽しむことを優先して、憂うることが生じた後、後始末に苦労し、反省するのが凡人の常である。しかも問題の多さに悩まされ、堂々巡りの日々を過ごす。

そこでまず考えられる問題を書き出してみてはどうか？　意外にも書き出すと「これだけか」と問題がはっきりするのではないか。解決しやすい問題から取り組み解決してはどうか。優先順位を考えて解決できれば良いが、これにこだわると前に進めないこともある。解決癖を付けて、残りの難題に勇気をもって当たることができるだろう。

自分が片付けない限り問題山積し苦しむことになる。

でないと、一生この言葉の心境は味わえないままになる。

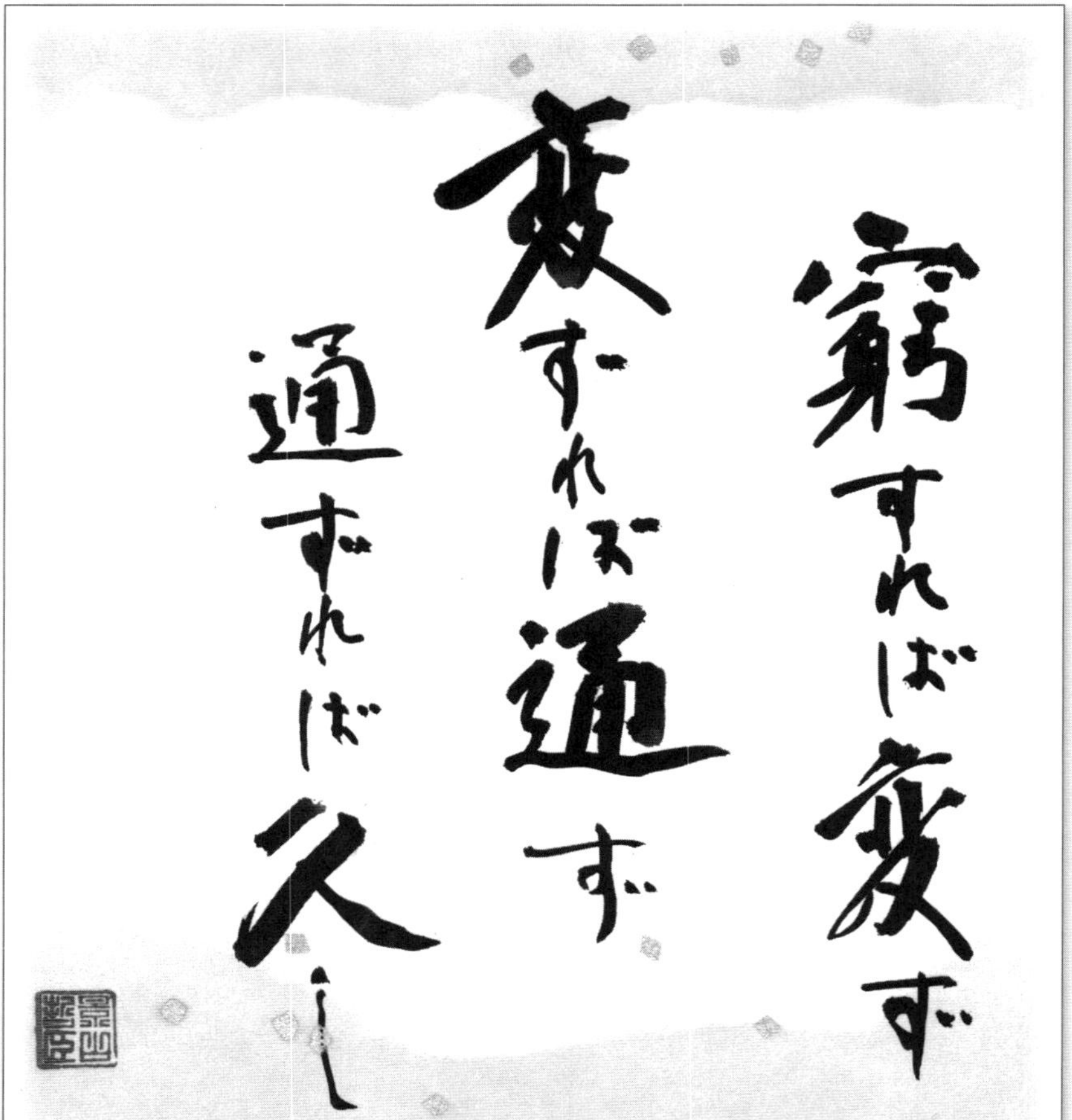
窮すれば変ず
変ずれば通ず
通ずれば久し

「窮通の理」と言われる、五経の一つ、易経の言葉である。

誰でもどうすればよいか手の打ちようがない、行き詰った状況に出くわす。いわゆる「窮する」のである。そのようになれば「変化」を求めてみろと言う。今までの延長線上でなく、全く違った視点を持って取り組んではどうかと。さらに変化すれば通じる、すなわち道が開けると。しかも開けた道は久しく使える、長期間有効だと言うのだ。

確かに言われることは頭ではわかる。実際に変化させることになると、その実現性や本当に将来に向けて有効な道が、見つけ出せるのかと躊躇もし、実施には強烈なエネルギーが必要となる。

個人も企業でも窮して、根本的に変化させて成功したケースもあるにはある。だが組織になればなおさらそう簡単ではない。現実には企業や組織では、多かれ少なかれ変化の必要性についての意識を強力に持って、先手先手に取り組んでいる。

要は窮する所まで行き着き、火事場の馬鹿力を発揮するまでに何とかしなければならない。窮する前に先見力で将来を見通し、真剣に、死活問題と考えて目配りし、次の柱となる種を植える取り組み（変化）が、できているかどうかがポイントであろう。

現在担当する者は、常に先を見通した責任感を持って備えることが大切である。変化はそう簡単にはできないものだ。それだけに意識し続けたい。

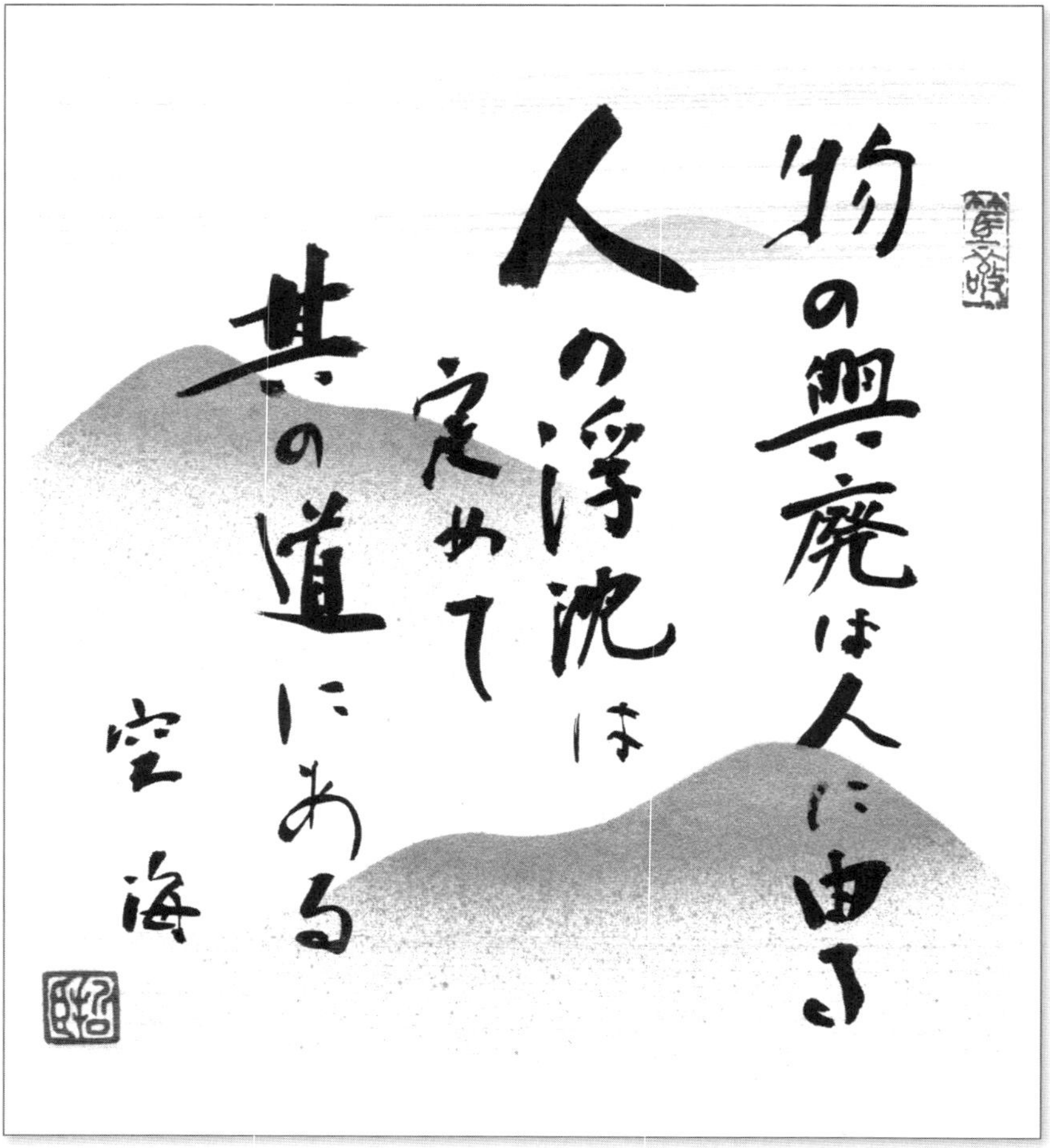
物の興廃は人に由る
人の浮沈は定めて
其の道にある
空海

弘法大師空海の言葉である。

物質的なものが興ったり、廃棄されたりするのは人間（支配者）の考え方によって引き起こされる。例えば、歴史上も多くの町が興隆し、多くの町が跡形もないように消えてしまったように。

しかし一人の人間が一生を過ごす間に、浮き沈みを経験して、喜んだり、苦しみ悲しんだりすることがあるのも事実である。その理由を考えてみると、その人自身の行状や考え方などの理由に根ざしたものもあり、当然の成り行きで、同情の余地なしと思えるケースもある。

空海は前段の「興廃は人に由よる」よりも、後段の、一人一人の生きる取り組み姿勢に力点を置く。沈んでしまうような人生にしたくないなら、自分を律して正しく、謙虚に生きる人生にしてほしいと言っているのであろう。「悪いことをすれば悪い結果が生ずる」という因果応報的な考えもうかがえる。

確かにこの言葉通りの結果になった人を多く見てきた。

生き方の中心柱をしっかりと保ち続け、日々正しいもの（人間の本来の道に即したとでも言おうか）に極力すべきである。


だが、空海の考えだけでは説明できないことも多い。大宇宙の中では我々は明日をも知れぬ存在である。大地の上に生活し、気象の変化の中で生きている人間にとって、想定外に降り湧いてくる災難には、なす術がない。かかる災難には、弱い者同士助け合って乗り越えないといけないことは当然である。

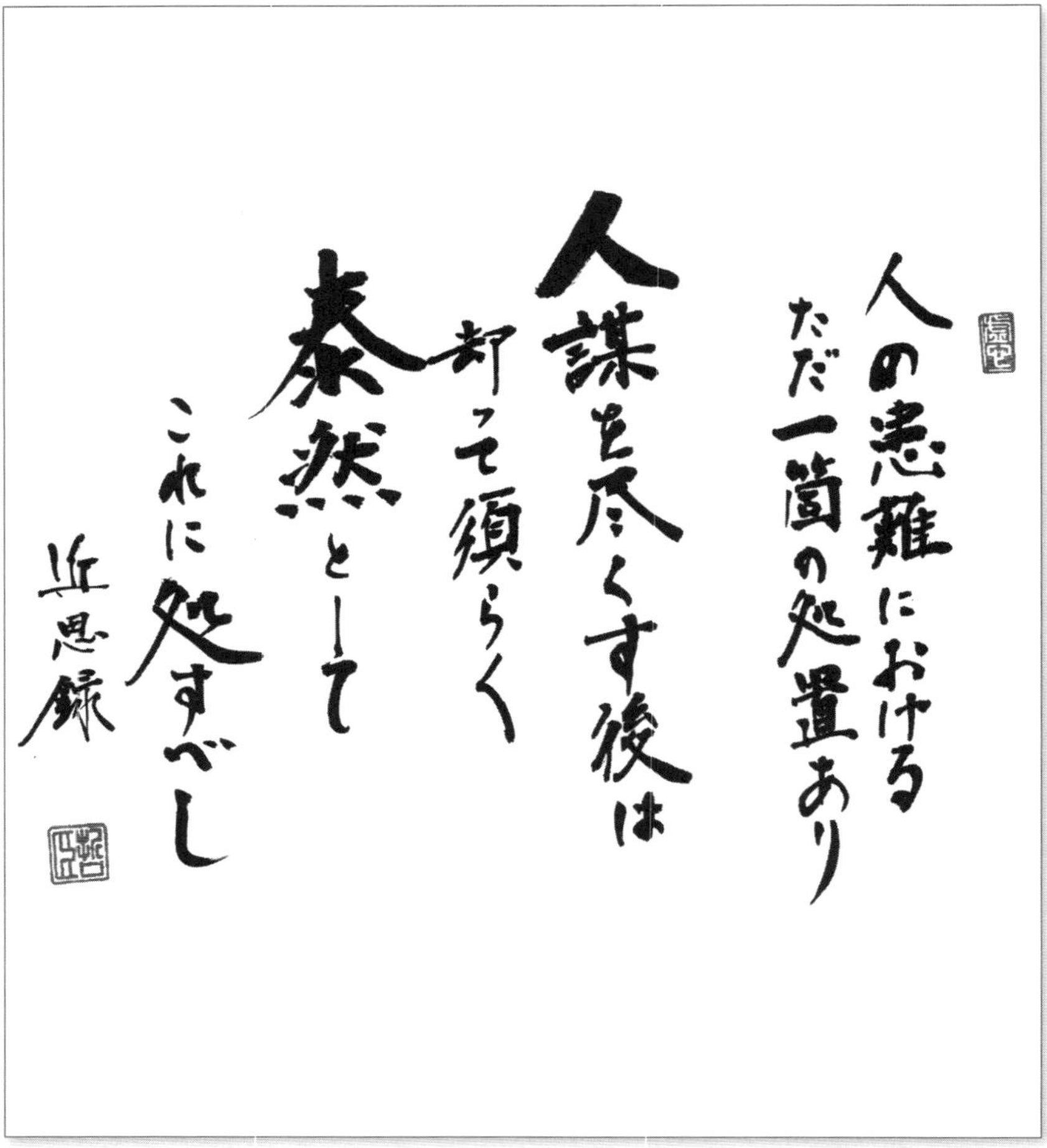
人の患難における
ただ一箇の処置あり
人謀を尽くす後は
却って須らく
泰然として
これに処すべし
近思録

宋代の儒学者、朱熹の近思録にある言葉である。

人間が社会生活を送るうえで苦しい局面に立たされ、対応に迷い、考えが浮かばないような時は多い。そのような時には、ただ一つの解決策があると言うのである。それは自分でベストの手を考え、そして実行したら、後はドタバタしないで、泰然と構え、その後の結果に対応すれば良いというのである。

泰然とは「落ち着いてものおじせず、堂々と対応する事」である。平たく言えば「開き直って」ということにもなろうか。確かにその通りだと思う。自分ではベストの手を打ってのことだから、今後の展開を見守ろうではないかと。

問題は打った手の中味・内容である。「人事を尽くして天命を待つ」と同じことではあるが、人事を尽くした中味・内容が人によって違おう。

一個人では、平素からの学びや読書の多寡や知識量、思考のトレーニング、経験などにもより打つ手の中味や内容が違ってくる。

だが個人には限界がある。今の時代、用意されている相談窓口も多い。自分だけに閉じこもらず、それらを利用したうえで、ベストな手を打つ素直さや謙虚さが重要になってくる。

他人の知恵を借りた上で泰然としたいものだ。

社会人生活のために

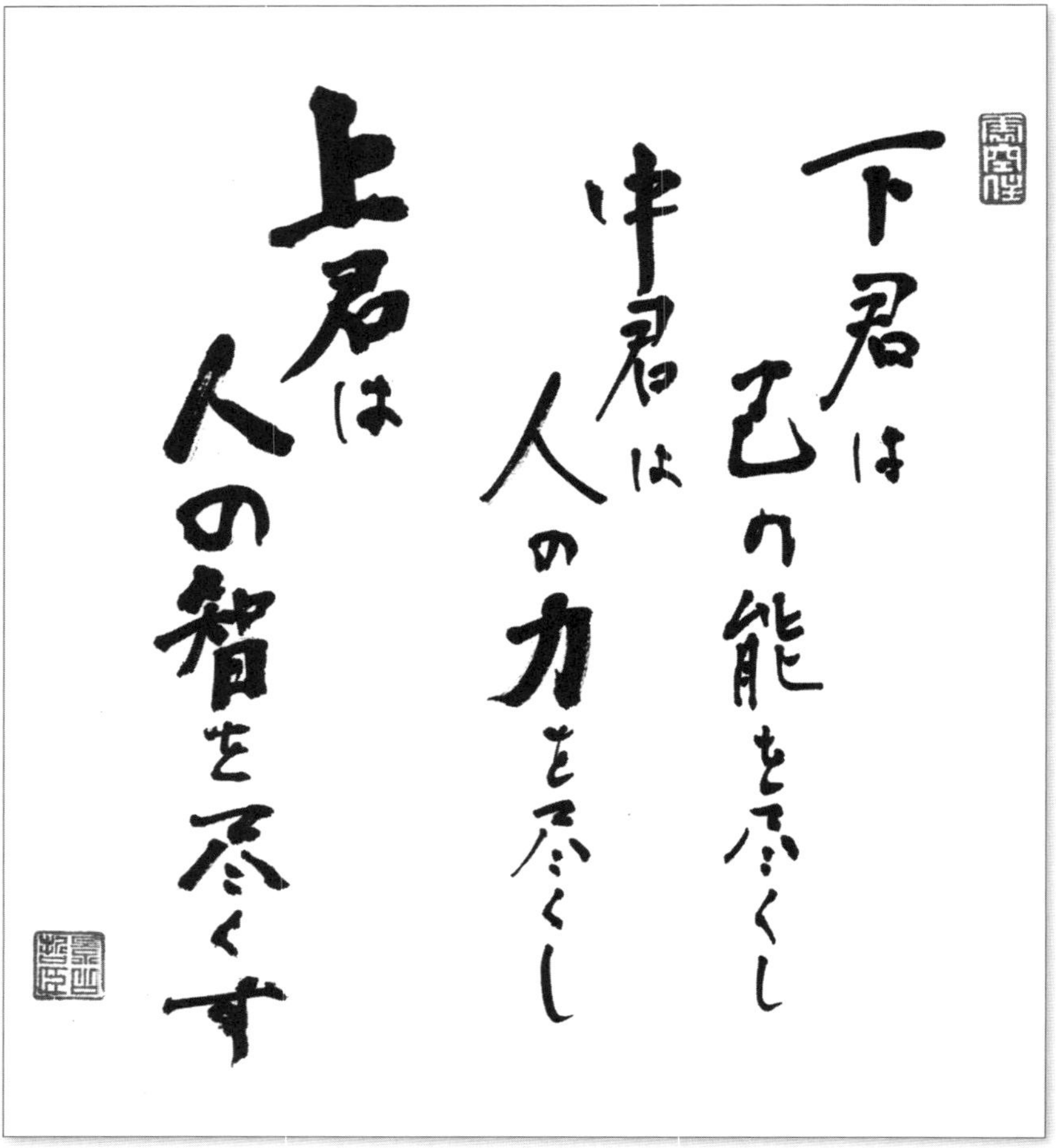
下君は己の能を尽くし
中君は人の力を尽くし
上君は人の智を尽くす

中国で最初の統一国家を築いた秦に重用された、韓非子の言葉。

君主に三タイプがあると言う。

最下級の君主は「自分の力ばかり頼り、周りの者たちをよく使い切れない」と。

中級の君主は「周りの人の現在持っている力をフルに使おうとする」と。

最上級のすぐれた君主は「部下にさらに考えさせ、育て、経験させ、力を磨かせて、経験に裏打ちされた知恵までも引き出して、自分のために使う」と言うのだ。

確かに自分ひとりの能力など微々たるものである。名君は周りの部下や協力者の力を出させることに没頭する。名君と下君の差は歴史を見れば明確である。

最上級の君主は、人間が本来計り知れない潜在能力を持ち、発揮できる可能性が大きいと信じている。部下一人一人を道具として考えず、一人の能力者と考え、今の何倍にも使える実力者となりえると考えているからこそ、名君の国は最強集団に成長することができるのである。

秦の始皇帝は、疑心暗鬼の中で手元の韓非を殺すことになる。長い歴史でも名君は数えるほど少人数である。

現代でも人を使う側の上級の管理者によって大きな差が生じ、部下の人生も大影響を受けるし、仕事の成果にも大きく反映する。

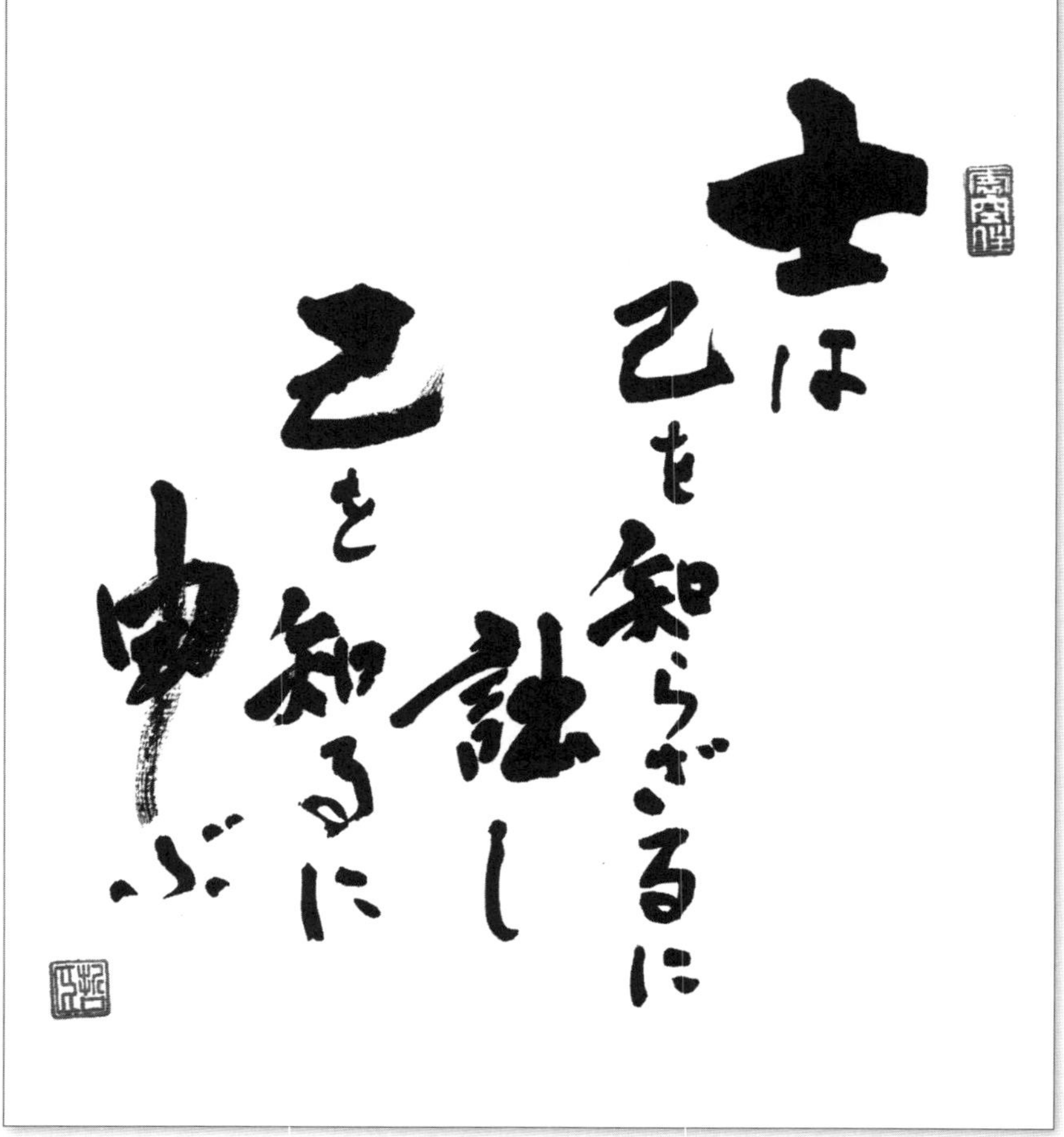
士は
己を知らざるに
詘し
己を知るに
申ぶ

史記の故事にある言葉。

学問をして一角（ひとかど）の能力を持つ者（士）は、自分をよく理解してくれない上司には、建設的な具申や意見は言わない。逆に自分を理解してくれている上司には、積極的に具申や意見を言って役に立とうとするものだと言う。

確かに人材といわれる実力のある者は、自分の理解を正しくせず、活用してくれない上司には、多少のプライドもあり、判ってもらえない者には意見を言いたくないものだ。逆に自分を正しく理解し、頼りにしてもらったら、その期待に応えようとするもので、最後まで付き従い、死を賭しても働いた例を史実が伝えている。

自分の力を判ってくれ、頼りにしてくれることは、少々の打算やメリットでは計り知れない優越感や、男気を持たせ高揚させてくれる。

とすれば上司は、自分の周りにいる部下一人一人をしっかり知る努力をし、正しく理解することから始めないと人材の活用などおぼつかない。一人一人の能力をしっかりと評価し、部下との対話の中で、お互いに能力を認めあうことから始めなければならない。その上でこそ、桃太郎の昔話ではないが、猿は猿の、キジはキジの、犬は犬の適材適所で活躍させる柔軟な人材活用の術を発揮できよう。

現代の若者に「上司の自分についてこい！」一辺倒のリーダーではいけないことは、はるか紀元前から示唆されている。

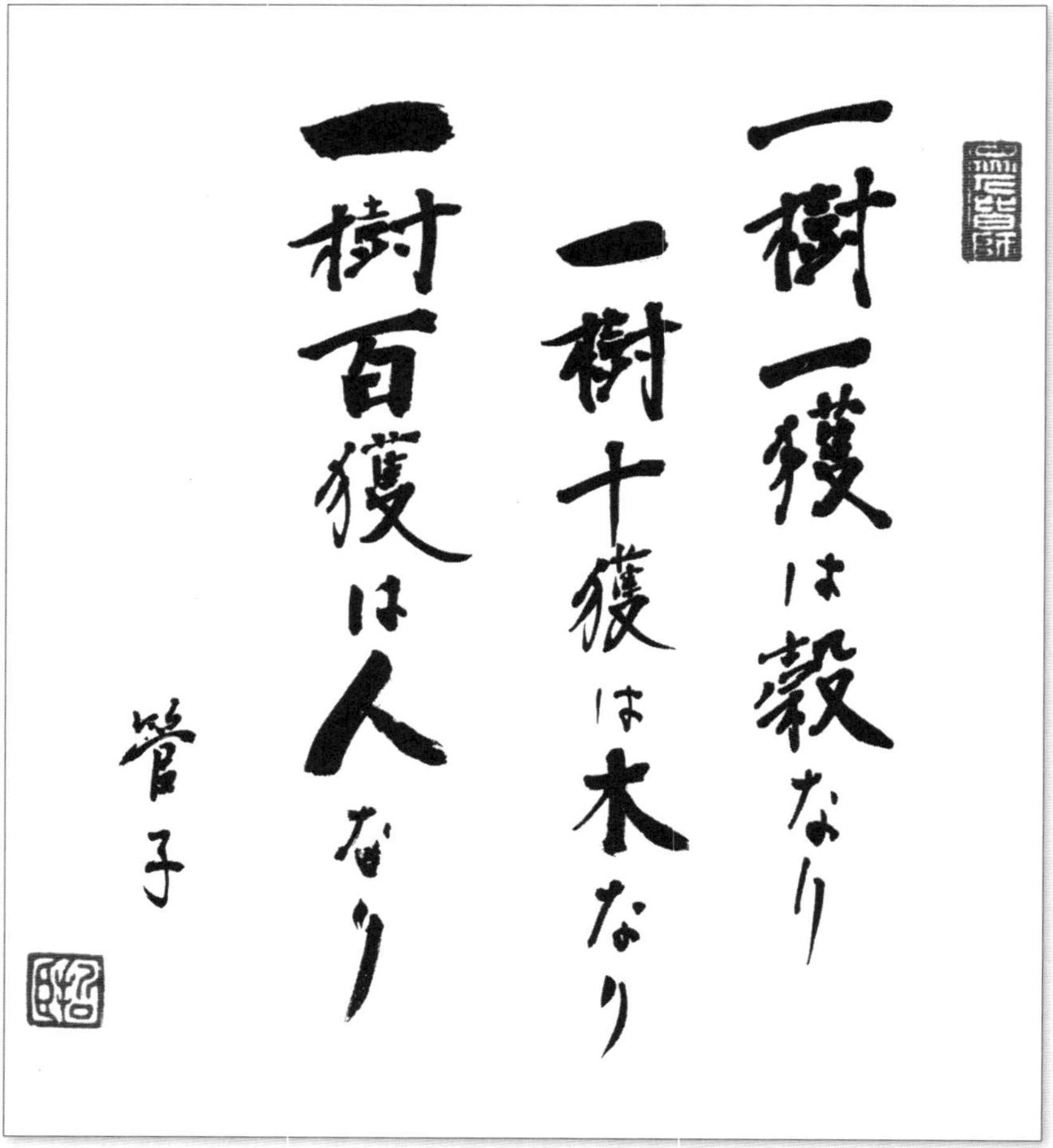
一樹一獲は穀なり
一樹十獲は木なり
一樹百獲は人なり
管子

春秋時代の政治家であり、思想家でもある管仲（管子）の言葉である。一本の植物から一回収穫したければ、苗を植えて米や穀物を取る。一本の植物から十の収穫を期待するのであれば、木を植えて実を取る。一本の植物から百の収穫を期待したいのなら、人間の木を植えるに限る。これが直訳である。

人間には無限の能力があり、成長が望め、人間こそ社会発展の基として期待できると考え、人間教育ほど国の政策で重要なものはないと言ったのである。

私たち国民にとって、国の教育方針によって受ける影響は重大である。よく戦後教育の良し悪しについて議論されるが、人間の本質的要素（躾や習慣、清潔や不潔の観念、愛することや優しいことなどなど）の一段のレベルアップは、人間力そのものの増強につながり、いつの時代でも重要な教育目標である。

社会に出ても着目されるのは、いかに人間としての総合的能力が高いか（人間力）だと実感している。ちなみに本質的要素に対する従属的要素（能力、技術など）が極端に重要視されている今日の社会には疑問を持たざるを得ない。

民生の安定と経済の発展を目指した管仲の、教育を重要視する考え方が見事に表現されている。

廃すべきあり
興すべきあり
書経

五経の一つ、書経にある言葉である。

物事に取り組んでいくに当たって、廃棄しなければならないこともあり、一方で新たに興さねばならないこともあると言う。

特に民間事業会社に在籍した者としては、当然のことであって、常に心掛けないといけない名言である。

事業環境は変わり、時局は変わり、一時も油断のならない事業を取り巻く状況の中で、興廃のない経営などあり得ない。

常に変化する環境に自分も変わっていかなければ、遅れてしまうのである。

書経は二五〇〇年以上前の言葉であるが、今日でも通用する普遍的なことを伝えている。当時は常に国が破れ、同時に新しい国が興り、政治体制が変わることを繰り返していた。国が変わり、良い政治を続けるには悪いことを廃止し、良いことに変えていく必要があったのだ。


私はこの言葉を若き後輩によく贈る。

廃するものを的確に判断し、実行しよう。合わせて興すべきことの種をしっかり植え付けることが仕事だと激励する。両方ともに取り組まなければならない。

廃することはすぐにできても、興すものは準備が必要で、時間がかかりすぐには効果を出ない。

平素から先見力を働かせ、実行に着手する必要がある。まさに手腕の見せ所である。

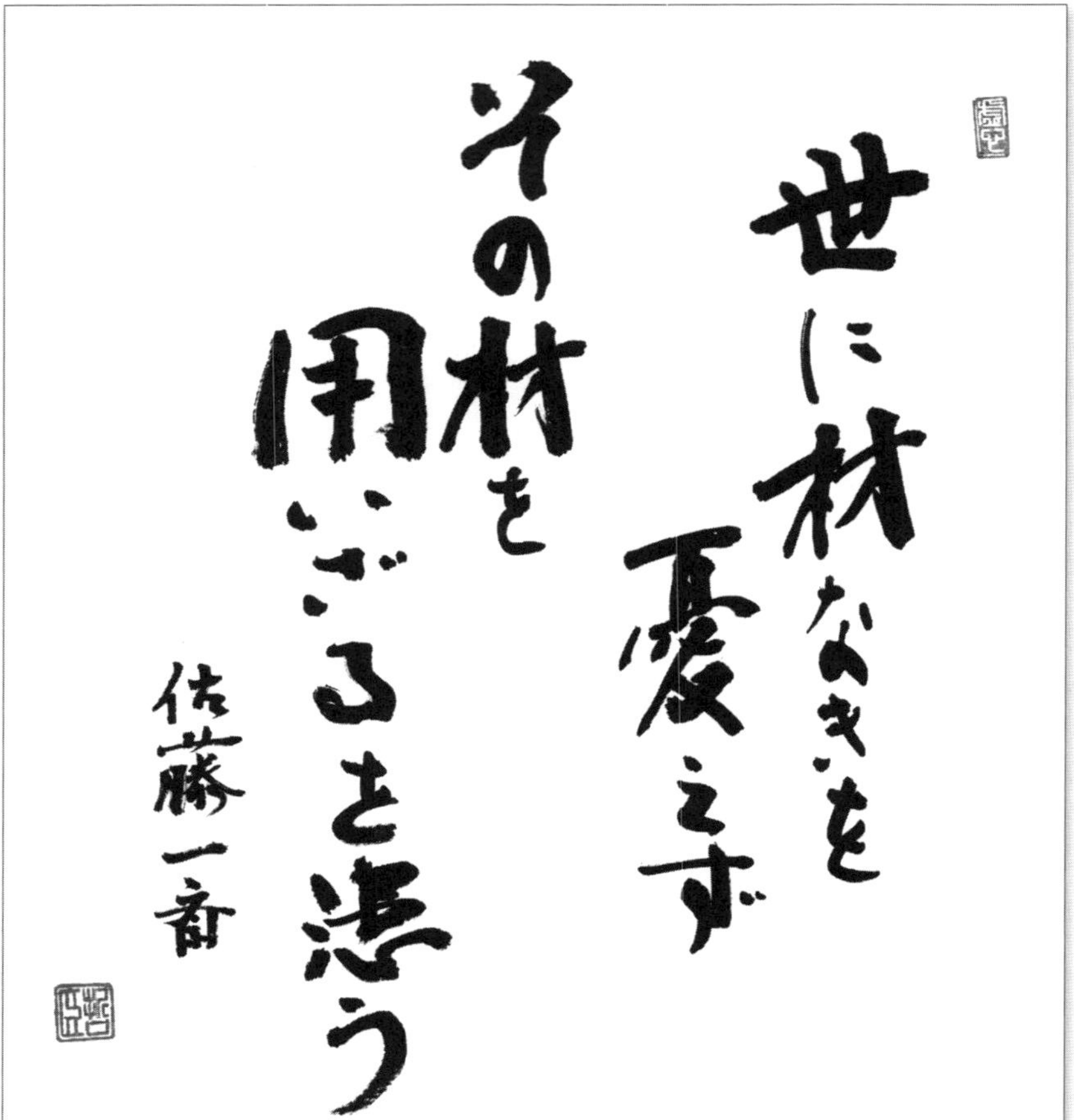
世に材なきを憂えず
その材を用いざるを患う
佐藤一斎

江戸末期の儒者、佐藤一斎の言葉である。

人生でも事業でも、優れた人物に巡り合えるか合えないかで、成果溢れる人生や事業の発展に大きな差が出ることは、先人が伝えているし現実に聞き知っている。自分は運悪く優れた人物に出合えなかったと、残念がるのが常である。

果たしてそうか？

巡り合う努力はしたのか。いや、巡り合った人物を生かす努力ができたのか。誰もが最初から自分や会社にとって有能な人材ではなかろう。人材に育て上げるのだ。育て上げる工夫が自分はできたのか、その努力がまだ足らなかったのではないのか。

今からでも、一度謙虚に見直す勇気が必要なのではないか。これから先、長い人生や事業のためにも。

もっとも、まず自分にとって人材とはどのような人物なのか、人物像が明確に示せないようでは他人は判らない。期待する人物像を明確にして「こんな人物を求めます」の旗を掲げよう。そうすれば相手も判り、支援者も期待できる。劉備の諸葛孔明発掘のように。

結局はどうも自分の努力の問題なのかもしれない。

功を遂げ
身退くは
天の道なり
老子

中国の二大思想家の一人、老子の言葉である。

自らも大変な努力をし、世の中に功績となる仕事をし終えたら、勇退して後進に任せることが、天が望む身の処し方だと言う。年齢のことは言ってないが、体力の衰えるそれなりの年になったら……が隠れていることだろう。

勇退は男の花道を飾るとか、引き際の美学などと言われ、周りから惜しまれながらも注目を浴びる。だが、功績がさらに望めそうで、本人は体力も自信があり、実力もあり、もう少しできそうな余裕を残して一線を後進に委ねることは、実際にはそう簡単なことではない。本人にとっては自分がまだやれるという思いが強いものだから。

現に高齢になっても、現役をいつまでも続けて、周りからの悪評を聞こえぬふりを決め込んでいる方も見受ける。

いかに引き際が難しいかである。引くチャンスに恵まれ、引き継ぐ人材も育ち、実行できた方は幸せである。

孔子の言葉に「後生畏（おそ）るべし」とある。すなわち若い者は急速に成長しており、畏れるに足る実力をつけているというのだ。二五〇〇年前からも若い者が早めに、第一線を引き継いだ方が良いと思われていたようだ。

自らの人生を考えて

よくやったじゃないか

この言葉は私個人への応援の、私のつぶやきである。皆さんに読んでいただけるほどの言葉ではない。

年齢を重ね、体力も衰え、進取の気概も薄れかかって、ふと自分の存在にさいなまれる。といって過去のことばかり思い出して、数少ない成功経験ばかり回顧しても、アレアレ？　進んできた？　と思われるばかりであろう。

しかし、自分はこれからも生き生きと生活し、楽しい生活をエンジョイしたいではないか。

有森裕子さんの「自分をほめてあげたい」の名言のように、自分の今日までの過去を査定評価し、けじめをつけてみたいのである。

その自己評価の上に立ってこれからを生きたい。多少のプライドを持って。

「よくやったじゃないか」はフランクな感想である。生まれてから今日まで自分なりに頑張って、多くの方々にご助力いただき感謝の気持ちで一杯で、全体的にはまずまずの評価としたい。

間違ったことも多い。もっと良い方法もあったろうことも数知れず。しかし何とかやってきた努力や苦労を思えば、おおむね合格点だと思っている。

おそらく多くの私と同年輩の方々も、同様に合格点の評価をご自分に投げかけられるのではあるまいか。

よし！　これからも残りの人生、年相応ながら自信をもって前向きに生きよう。

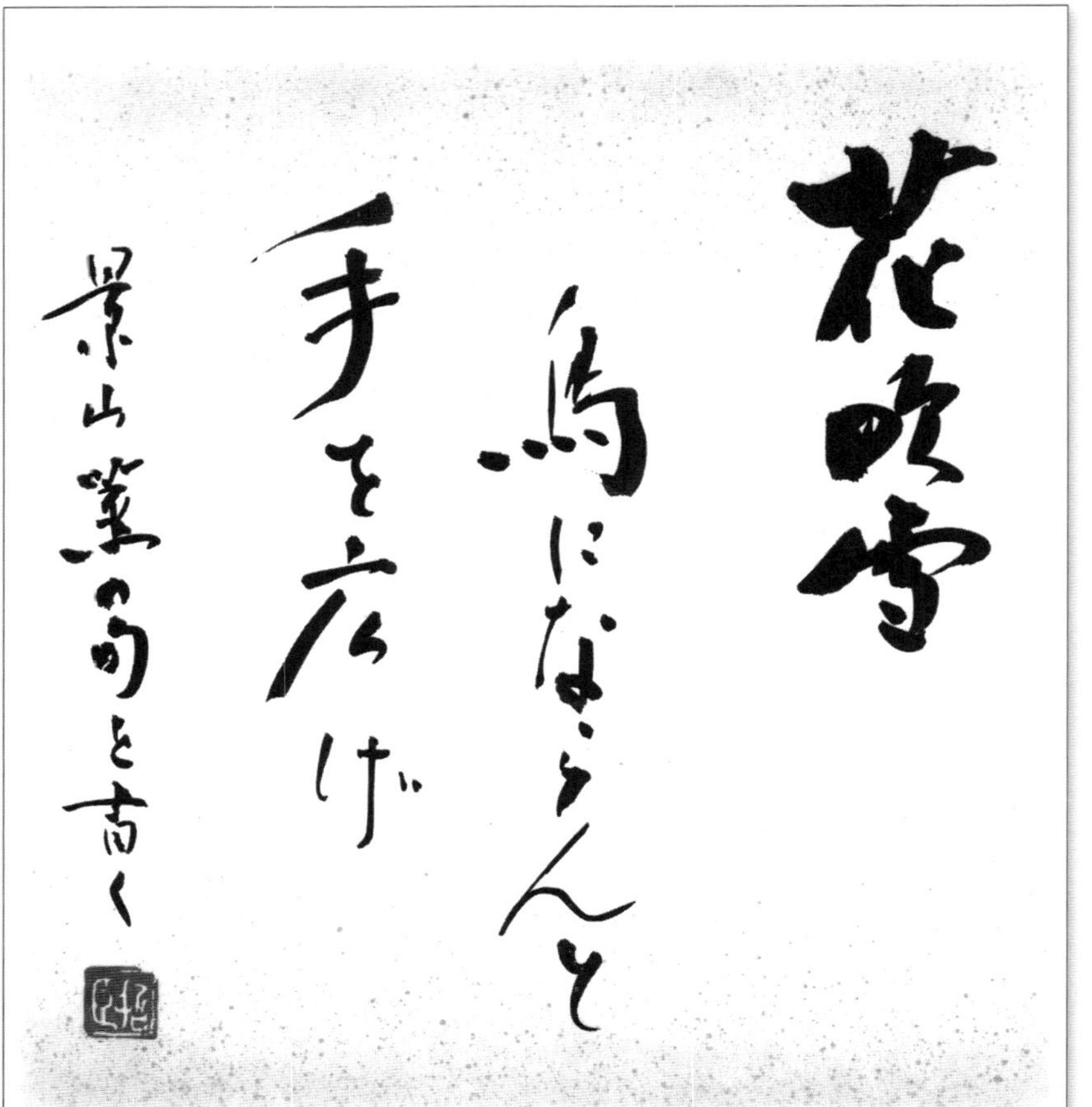
花吹雪
鳥にならんと
手を広げ

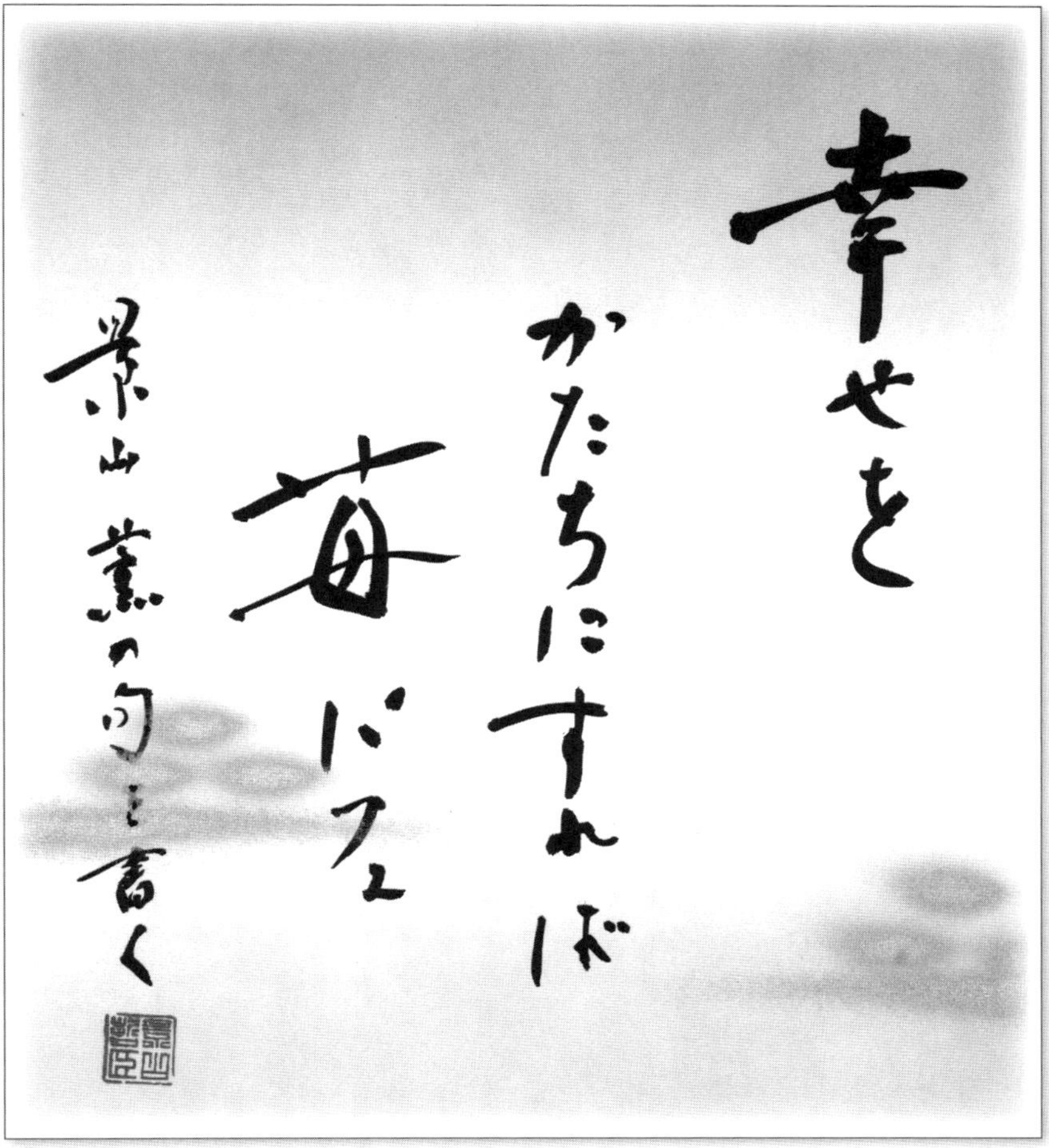
幸せを
かたちにすれば
苺パフェ
景山 薫の句を書く

終わりに

ＩＴ、ＡＩ、ロボットの時代といわれ、時代がどんなに変わっても、人間社会を構成するのは人間であります。人間とはどんな動物で何を考えているか？　どのようなことが人間社会で必要で、どう生きるのがベストかは永遠の課題です。なぜ２５００年も前の孔子の言葉が学ばれ、関係した本が売れるか？　を考えてみれば、人間の柱となる思想が長く変わっていないことが明らかであります。

実際の社会は理論通りや計算のように、割り切れるものでは決してありません。むしろ目に見えない、感情やムード、信頼や信用、「あの人間なら」とかの人間的な要素が大きく影響し、それらが複合的に相互作用しながら、回っているといっても過言ではありません。学問や知識は重要な自分作りの一助をなすものですが、あくまで一部分です。実経験や人との交流の中でたくさんの自分作りのアドバイスがもらえ、チャンスがあり、毎日が勉強です。

あなた個人はどのような自分作りを目指していますか？　その際、どのような考えを基礎にして自分の人間力を強化したいと思っていますか？

人間一人一人特徴があっていいのですが、社会人としての枠内で考えれば、一〇〇％自由で個性的で良いとは言えません。先人が作り上げた人間社会のルールがあり、それを学ばなければなりません。その学びはあなた自身を日々成長させ続け、社会生活をより楽に、より快適に過ごせるようにしてくれるでしょう。じっくりご自身の力を形成し、レベルアップしてください。

この小冊子を折あるごとに開いていただいて何か役に立てば幸いです。

最後に本書の作成に応援、アドバイスいただいた友人各氏、出版にあたりご尽力下さった吉備人出版に心からお礼を申し上げます。

参考文献（主たるもの）

論語（新装版）　吹野安 著
中野孝次の論語　中野孝次 著
孔子　井上靖 著
21世紀の論語　佐久協 著
ビジネスマンのための中国古典の名言１００　谷沢永一 著
修養こそ人生をひらく　谷沢永一、渡部昇一 共著
ビジネスに活かす「論語」　北尾吉孝 著
安岡正篤一日一言　安岡正篤 著
五経入門　野間文史 著
中国古典の人間学　守屋洋 著
など

著者略歴

景山　哲臣（かげやま・てつお）

元岡山大学環境理工学部キャリアサポート室長（教授）

一九四二年生まれ、岡山県出身。明治大学商学部卒業後、住友海上火災保険（現在の三井住友海上火災保険）に入社。営業を中心に支店長、部長を歴任。定年後ベネッセコーポレーションに入社し、ベル学園グループにて教育現場を経験。岡山大学環境理工学部キャリアサポート室長（教授）に就任、特命教授を経て退任。「声を出して論語」教室主宰。キャリアコンサルタント。

色紙が伝える人間力

若い君達への
応援メッセージ

二〇一八年五月一日　初版第一刷発行

著者　景山哲臣

発行　吉備人出版
〒七〇〇－〇八二三
岡山市北区丸の内二丁目一一－二二
ＴＥＬ　〇八六－二三五－三四五六
ＦＡＸ　〇八六－二三四－三二一〇
振替〇一二五〇－九－一四四六七
books@kibito.co.jp　http://www.kibito.co.jp

印刷　株式会社三門印刷所

製本　日宝綜合製本株式会社

ISBN978-4-86069-546-0　C0095